Daniela Setton u.a.
WTO – IWF – Weltbank

Jürgen Knirsch arbeitet bei Greenpeace zu Konsum- und Wirtschaftsfragen und untersuchte insbesondere zwischen 1999 und 2007 die Politik der WTO und deren Auswirkungen auf die Umwelt.

Daniel Mittler ist politischer Berater von Greenpeace International zu Welthandel, Klima und internationalen Finanzinstitutionen. Er ist Mitbegründer der AG Globalisierung und Ökologie von Attac.

Alexis J. Passadakis ist Mitglied im Koordinierungskreis von Attac Deutschland. Er ist Politikwissenschaftler und beschäftigt sich insbesondere mit den Themen Welthandel, Privatisierung vs. Demokratisierung öffentlicher Dienstleistungen und dem Klimawandel.

Daniela Setton ist Mitarbeiterin bei Weltwirtschaft, Ökologie & Entwicklung (WEED) und arbeitet dort zu Internationalen Finanzinstitutionen und globaler Energie- und Klimapolitik.

Dieser AttacBasisText ist ein gemeinschaftliches Produkt, das mit unterschiedlicher Verantwortung erstellt wurde: Daniela Setton verfasste in den verschiedenen Kapiteln die Teile zu IWF und Weltbank und die Teile, die sich auf alle drei Organisationen beziehen. Vor allem von Alexis J. Passadakis stammen die Beiträge zur WTO in den Kapiteln 1 und 3. Jürgen Knirsch und Daniel Mittler schrieben die Abschnitte zu Handels- und Umweltrecht, zur WTO-Streitschlichtung und zu WTO und Klima.

AttacBasisTexte 25

Daniela Setton/Jürgen Knirsch/ Daniel Mittler/Alexis Passadakis
WTO – IWF – Weltbank
Die »Unheilige Dreifaltigkeit« in der Krise

VSA-Verlag Hamburg

www.attac.de

www.vsa-verlag.de

© VSA-Verlag 2008, St. Georgs Kirchhof 6, 20099 Hamburg
Titelfoto: Demonstration anlässlich der 6. Ministerkonferenz
der WTO, 17.12.2005 in Hong Kong (Alexis J. Passadakis)
Alle Rechte vorbehalten
Druck- und Buchbindearbeiten: Fuldaer Verlagsanstalt
ISBN: 978-3-89965-229-1

Inhalt

Einleitung 7

1. Die »Unheilige Dreifaltigkeit«
Herausbildung, Agenda und Zusammenarbeit

Aufgabenwandel und Neupositionierung
von IWF und Weltbank 9
Die WTO – das Kronjuwel der Globalisierung 26
Die »Kohärenz-Agenda« von IWF, Weltbank und WTO 35

2. IWF und Weltbank in Anpassungsnot 42

Die Konkurrenz kommt 42
Machtverlust 46
Der IWF im Schlamassel 48
Die Weltbank im Aufwind? 51
IWF und Weltbank weiterhin relevant 53

3. Multilaterale Liberalisierung in der Krise –
wohin steuert die WTO? 55

Protest und Propaganda 55
Neue Koalitionsbildung der Schwellenländer – G20 56
Stopp and Go 57
Trotz Krise: Weichenstellung für mehr Freihandel 58
Eine neue Geografie von Produktion und Handel 59
Die neue bilaterale Offensive der EU: Global Europe 61
Unbeeindruckt vom Verhandlungsdebakel:
Das Streitschlichtungsverfahren der WTO 63
WTO – wie geht es weiter? 64

4. Das Klima retten mit WTO und Weltbank? 66

Die Klimadebatte als Rettungsanker für die WTO? 66
Handel, Energie und Klima – wie alles zusammenhängt 68

Marktöffnungen für Umweltgüter
und Umweltdienstleistungen 69
Das Aussetzen von Patenten: eine Möglichkeit,
die Verbreitung Erneuerbarer Energien zu fördern? 70
Marktöffnungen für Energiedienstleistungen 72
Schädliche Subventionen 72
Abgaben auf klimaschädliche Produkte 73
Energieeffizienz- und Umweltstandards 74
Zertifizierung und Labelling von Agrarkraftstoffen 75
Weltbank – vom Klimaschutz reden,
den Klimakollaps vorantreiben 77

5. Perspektiven des Protests 80
Für eine alternative Globalisierung 80
Schrumpfkur und umfassende Demokratisierung
für IWF und Weltbank 82
Paradigmenwechsel für den Welthandel 84
Nationale Mobilisierung – transnationale Vernetzung –
globale Proteste 87

Zum Weiterlesen 92

Einleitung

»Vor nicht langer Zeit hat ein allgemeiner Chor das Loblied des Neoliberalismus gesungen. Aber jetzt hören wir die großartige Stimme unserer Nationen!« Mit diesen Worten feierte der venezolanische Präsident Hugo Chávez im November 2007 die Gründung der Bank des Südens. Diese neue, südamerikanische Entwicklungsbank ist als explizites Alternativprojekt zu Internationalem Währungsfonds (IWF) und Weltbank konzipiert. Sie soll – so zumindest die Ankündigung – einen alternativen Entwicklungspfad finanzieren und die Abhängigkeit von den USA dominierten, neoliberal ausgerichteten Organisationen durchbrechen helfen. Die Entstehung einer »Anti-Weltbank« ist nur eines von vielen anderen aktuellen Ereignissen, die die mächtigsten Organisationen im Bereich des internationalen Handels- und Finanzsystems in eine ernst zu nehmende Bedeutungs- und Legitimationskrise stürzen. Mit dem zunehmenden weltwirtschaftlichen Gewicht Chinas und anderer aufstrebender Schwellenländer verändert sich die globale Ordnung in Richtung einer multipolaren Konstellation – mit direkten Folgen für die weltwirtschaftliche Bedeutung und die Machtposition der »unheiligen Dreifaltigkeit« aus IWF, Weltbank und Welthandelsorganisation (WTO). In Asien und Südamerika werden regionale Alternativen aufgebaut, der IWF erhält eine Schlankheitskur, die Verhandlungsrunde der WTO steckt seit Jahren fest und die multilateralen Handelsabkommen der WTO werden zunehmend durch bilaterale und regionale Abkommen ihrer Mitglieder ergänzt. Was ist also los mit den drei mächtigsten internationalen Finanz- und Wirtschaftsorganisationen? Was steckt hinter ihrem Macht- und Bedeutungsverlust? Wie ist die derzeitige Krise einzuschätzen? Um genau diese Fragen geht es im vorliegenden AttacBasisText.

Für die globalisierungskritische und umweltpolitische Bewegung haben IWF, Weltbank und WTO bis heute eine zentrale Bedeutung. Als Symbole und politische Akteure einer zutiefst ungerechten, umweltschädlichen und undemokratischen Globalisierung, die vor allem nach den Spielregeln einer globalen Minderheit aus Konzernspitzen und politischen Eliten aus Industrieländern funktioniert, stellen sie wichtige Bezugspunkte für weltweiten Protest und politische Mobilisierung dar. Deshalb ist es wichtig, vor dem Hintergrund der aktuellen Entwicklungen aus globalisierungskritischer Perspektive eine Neubestimmung der Bedeutung von IWF, Weltbank und WTO vorzunehmen und über die Perspektiven des Protests nachzudenken.

In diesem AttacBasisText wird gezeigt, dass die drei mächtigsten internationalen Organisationen zwar in einer – jeweils unterschiedlich ausgeprägten – handfesten Funktions- und Legitimationskrise stecken, sie jedoch keinesfalls davor stehen, in der Bedeutungslosigkeit zu versinken. Die »unheilige Dreifaltigkeit« treibt weiterhin die weltweite Durchsetzung von Liberalisierung, Deregulierung und Privatisierung voran. Mit den Interessen der Gruppe der sieben führenden Industrieländer (G7) im Rücken verfügen sie über Sanktionsmechanismen, von denen die Vereinten Nationen (UN) im Bereich der internationalen Sozial-, Entwicklungs-, Umwelt- und Wirtschaftspolitik nur träumen kann. Die Politik von IWF, Weltbank und WTO wird von einer handvoll Länder bestimmt und oft an den Interessen der Bevölkerung und auch einiger Regierungen in Entwicklungsländern vorbei durchgesetzt. Mit unterschiedlichem Erfolg versuchen IWF, Weltbank und WTO darüber hinaus, ihrem Bedeutungsverlust im Namen von »weltweitem Wohlstand«, »Armutsbekämpfung« und »Klima- und Umweltschutz« entgegenzuwirken und neue Aufgaben an sich zu ziehen. De facto profitieren vor allem transnationale Konzerne und private Investoren von ihrer Politik. Es gilt nun, die durch die Krise entstandenen politischen Spielräume zu nutzen und weltweit für eine andere, eine soziale und ökologische Globalisierung zu streiten. Der vorliegende AttacBasisText will dazu einen Beitrag liefern.

Wir wünschen angeregte und anregende Lektüre!

1. Die »Unheilige Dreifaltigkeit« Herausbildung, Agenda und Zusammenarbeit

Aufgabenwandel und Neupositionierung von IWF und Weltbank

Als der IWF und die Weltbank zum Ende des Zweiten Weltkriegs in den Bretton-Woods-Verhandlungen als Teil des UN-Systems gegründet wurden, waren sie von den Siegermächten – USA und Großbritannien – vor allem zur direkten Unterstützung ihrer eigenen wirtschaftlichen Entwicklung vorgesehen. Die beiden UN-Organisationen sollten das geschlossene internationale Finanzsystem, das durch feste Wechselkurse und einen strikt regulierten internationalen Kapitalverkehr geprägt war, absichern und stabilisieren und so zu einer krisenfreien Entwicklung des internationalen Handels beitragen. Die Rolle des IWF war direkt an das internationale Wechselkurssystem von Bretton Woods gebunden, bei dem die Währungen an den US-Dollar gekoppelt waren, der wiederum in einer festen Parität zum Gold stand. Der IWF sollte vermeiden helfen, dass Mitgliedsländer durch einen Abwertungswettlauf ihrer Währungen auf Kosten anderer Länder Handelsvorteile zu erzielen versuchen. Er war für die Währungs- und Zahlungsbilanzprobleme der Mitgliedsländer zuständig und sollte kurzfristige Überbrückungskredite bewilligen. Die Weltbank hatte vor allem die Aufgabe, langfristiges Kapital für den Wiederaufbau des kriegszerstörten Europas bereitzustellen.

In den über 60 Jahren ihres Bestehens haben sich IWF und Weltbank grundlegend gewandelt. Unter dem Druck veränderter weltwirtschaftlicher und -politischer Rahmenbedingungen ist es beiden Organisationen gelungen, immer wieder neue und einflussreiche Tätigkeitsfelder zu erschließen und damit ihre mächtige Stellung im Geflecht internationaler Politik auszubauen.

Kinder des Kalten Krieges

Die Weltbank stand schon in den 1950er Jahren vor einer neuen Herausforderung, da der Marshallplan der USA einen wesentlichen Teil des Aufbaus des kriegszerstörten West-Europas finanzierte. Auch der IWF verlor mit dem Zusammenbruch des fixen Währungssystems zu Beginn der 1970er Jahre sein Gründungsmandat. Doch vor dem Hintergrund des Kalten Krieges und der raschen Dekolonisierung ab den 1950er Jahren sollten beide internationalen Finanzinstitutionen bald ihre neue Rolle finden: IWF und Weltbank orientierten sich auf die im Entstehen begriffene »Dritte Welt«. Eine Ländergruppe, die für die ursprüngliche Zielbestimmung und Struktur beider Bretton-Woods-Institutionen (BWI) völlig unbedeutend war.

Die Weltbank fing schon Ende der 1940er Jahre an, erste Kredite an Entwicklungsländer zu vergeben. Angeleitet von dem modernisierungstheoretischen Konzept der »nachholenden Entwicklung« finanzierte sie vor allem große Infrastrukturprojekte zur Wachstumsförderung. Ab Ende der 1950er Jahre transformierte sich die Weltbank zu einer »Entwicklungsbank«. Um auch private Investitionen in Entwicklungsländern vor allem im Industriesektor zu fördern, wurde 1956 die International Finance Corporation (IFC) gegründet, die direkt Kredite an private Unternehmen vergibt. 1960 dann folgte die Gründung der Internationalen Entwicklungsorganisation (International Development Association, IDA), die den vielen, gerade unabhängig gewordenen ehemaligen afrikanischen Kolonien Kredite zu sehr günstigen Konditionen gewährte. Auch der IWF fing in den 1950er Jahren an, in Entwicklungsländern Stabilisierungsprogramme zu finanzieren, zunächst vor allem in Südamerika.

Mit diesem Rollenwechsel änderte sich die politische und weltwirtschaftliche Funktion von IWF und Weltbank. Sie verwandelten sich in mächtige außenwirtschaftliche und -politische Instrumente der Industrieländer, allen voran des Hauptanteilseigners USA. Während der Hochzeiten des Kalten Krieges galt es, Einfluss auf Drittstaaten auszubauen. IWF und Weltbank hatten die Funktion, die »nachholende Entwicklung« in Entwicklungsländern voranzubringen, im Rahmen der kapitalistischen

Wer ist die Weltbank(gruppe)?
Die Weltbank hat 185 Mitgliedsstaaten. Eine Mitgliedschaft beim IWF ist Voraussetzung, um bei der Weltbank einzutreten. Bei der Weltbank arbeiten 11.000 MitarbeiterInnen, 2/3 davon in der Weltbankzentrale in Washington D.C., der Rest in den über 100 Länderbüros. Die Weltbank besteht insgesamt aus fünf Organisationen, wobei IBRD und IDA als die »eigentliche Weltbank« bezeichnet werden.

Internationale Bank für Wiederaufbau und Entwicklung (IBRD): Gründung 1944; vergibt Darlehen zu zinsgünstigen, marktnahen Bedingungen (ca. 4-5%) an Länder mit mittlerem Einkommen; Rückzahlungszeit: 15-20 Jahre; Finanzierung: Rückflüsse aus Krediten, Anleihen auf den internationalen Kapitalmärkten; Kreditvergabe 2007: 12,8 Mrd. US-$.

Internationale Entwicklungsagentur (IDA): Gründung 1960; vergibt zinslose Kredite und Zuschüsse für die ärmeren Entwicklungsländer (Pro-Kopf-Einkommen von unter 1.065 US-$); Rückzahlungsfrist: 35-40 Jahre; Finanzierung: seit 1964 Zuschüsse aus den Gewinnen von IBRD und IFC, Rückflüsse aus IDA-Krediten, Geberbeiträge. Kreditvergabe 2007: 11,9 Mrd. US-$.

International Finance Corporation (IFC): Gründung 1957; fördert Investitionen privater Unternehmen durch die Gewährung langfristiger Darlehen zu kommerziellen Bedingungen sowie durch Eigenkapitalbeteiligungen und Garantien. Finanzierungskonditionen sind abhängig vom Risiko des Projekts. Auf Eigenkapitalbeteiligungen erhält die IFC gewinnabhängig Renditen; Kreditvergabe 2007: 9,3 Mrd. US-$.

Multilateral Investment Guarantee Agency (MIGA): Gründung 1988; Förderung ausländischer Direktinvestitionen in Entwicklungs- und Schwellenländer durch die Absicherung politischer Risiken, wie Enteignung, Kriege, Devisentransferbeschränkungen sowie Vertragsbruch seitens der Regierung des Investitionsstandorts. Vergebene Garantien 2007: 1,2-1,4 Mrd. US-$.

International Center for Settlement of Investment Disputes (ICSID): Gründung 1966; ist das weltweit führende Schiedsgerichtsorgan zur Beilegung von Investitionsstreitigkeiten zwischen Staaten und ausländischen Investoren. Die Mitgliedsstaaten des ICSID sind verpflichtet, sich bei Investitionsstreitigkeiten ihrem Schlichtungsmechanismus zu unterwerfen. Ein Schiedsspruch muss von den Mitgliedsstaaten wie ein rechtskräftiges Urteil eigener Gesetze durchgesetzt werden. Derzeit bearbeitet die ICSID über 120 Fälle. Kritiker werfen ihr vor, vor allem die Interessen großer transnationaler Konzerne gegenüber den Staaten durchzusetzen.

Weltordnung. Um den »Vormarsch des Kommunismus« zu stoppen, wurden auch Repression und Diktatur finanziert. So flossen z.B. 1979 rund ein Drittel aller Weltbankkredite an 15 der damals repressivsten Regierungen der Welt – darunter Chile, Uruguay, Argentinien und die Philippinen.

Auch wenn IWF und Weltbank in ihren Satzungen eigentlich zur politischen Neutralität verpflichtet sind, ist die umfassende Einmischung in die Politik der kreditnehmenden Länder seit den 1970er Jahren zu einem zentralen Ziel beider Organisationen geworden. Das wichtigste Machtinstrument sind dabei die politischen Bedingungen (Konditionalitäten), die die Bretton-Woods-Organisationen an die Vergabe ihrer Kredite koppeln. Um einen Kredit zu erhalten, müssen die Regierungen der Länder sich auf die Umsetzung bestimmter wirtschafts- und finanzpolitischer Maßnahmen verpflichten. Als der weltweite Vormarsch des Neoliberalismus in den 1980er Jahren begann, stiegen die Bedeutung und die Anzahl der Konditionalitäten rapide an.

Die Ära der Strukturanpassung

Der Ausbruch der ersten internationalen Schuldenkrise zu Beginn der 1980er Jahre leitete eine neue Ära für die beiden internationalen Finanzorganisationen ein. Als die mexikanische Regierung sich im August 1982 für zahlungsunfähig erklärte, die Tilgung ihrer enormen Auslandsschulden einstellte und fast ganz Südamerika und auch Länder in Asien und Afrika folgten, ging die Angst um, das Weltfinanzsystem könnte zusammenbrechen. Doch für IWF und Weltbank brach eine Sternstunde an. Als »Krisenmanager« sollten sie den verschuldeten Ländern mit Krediten unter die Arme greifen, deren Wirtschaft stabilisieren, Wachstum anstoßen und so eine Rückzahlung des enormen Schuldenbergs ermöglichen. Von den Schuldnerländern wurde im Gegenzug die Durchführung umfassender wirtschaftspolitischer Maßnahmenpakete (Strukturanpassungsprogramme, SAP) verlangt. Anders noch als bei den Interventionen in den 1950er bis Mitte der 1970er Jahre griffen IWF und Weltbank jetzt tief in die Strukturpolitik der Länder ein und erzwangen ein exportorientiertes Entwicklungsmodell. Das neoliberale Standard-Reformpaket zielte auf das Zurückdrängen staatlicher Interventionen in Wirtschaftsabläufe und die Öffnung der Märkte für ausländische Konkurrenz (Handels- und Kapitalmarktliberalisierung). Besonderes Gewicht wurde auf die Inflationsbekämpfung, eine rasche und weitgehende Privatisierung öffentlicher Unternehmen, eine drastische Kürzung der Staatsausgaben – darunter auch für Bildung und Gesundheit –, die Deregulierung der Arbeitsmärkte sowie die Preis- und Handelsliberalisierung gelegt. Verteilungspolitische Maßnahmen waren nicht vorgesehen, da das angestrebte Wachstum in einem trickle-down-Prozess letztendlich auch den Armen zugute kommen sollte. In den 1990er Jahren entwickelte sich der Begriff des Washington Konsens zum Synonym des marktradikalen one-size-fits-all-Ansatzes der BWI, der allen Empfängerländern unabhängig von den spezifischen Länderkontexten aufgezwungen wurde.

Nach dem Ende des Kalten Krieges und dem Zusammenbruch der Sowjetunion spielten IWF und Weltbank – gestärkt durch einen ganzen Schub neuer Mitglieder aus den Reihen ehemaliger Ostblockländer – eine zentrale Rolle bei der Transformation der einstigen real-existierenden sozialistischen Staaten. Mit am Washington Konsens orientierten »Schock-Therapien« verhalfen sie dem weltweiten »Sieg des Kapitalismus« mit zum Durchbruch. Doch die Strukturanpassungsprogramme waren im Osten wie im Süden ein soziales und wirtschaftspolitisches Desaster. Die wirtschaftliche Situation der Länder verschlechterte sich, die Verschuldung und Handelsdefizite stiegen. Die Folgen für die Bevölkerung waren dramatisch: Neben dem Anstieg von Arbeitslosigkeit und Beschäftigungsunsicherheit verringerten sich die Realeinkommen, die Versorgungslage armer Bevölkerungsschichten verschlechterte sich. Die Ungleichheit wurde größer, insbesondere auf dem Land. Massiver Protest von sozialen Bewegungen weltweit richtete sich gegen IWF und Weltbank und die Folgen ihrer Politik. Sie wurden als Protagonisten einer an den Interessen der Gläubiger und Banken ausgerichteten neoliberalen Globalisierung an den Pranger gestellt, die keine Rücksicht auf die sozialen Belange der Bevölkerung nehmen. Heute findet sich weltweit so gut wie kein Schwellen-, Transformations-

oder Entwicklungsland, das nicht ein oder mehrere Strukturanpassungsprogramme unter der Ägide von IWF und Weltbank durchgeführt hat und tief greifend umstrukturiert wurde.

Der IWF, dessen eigentliche Aufgabe die Finanzhilfe bei kurzfristigen Zahlungsbilanzproblemen war, stieg mit den Strukturanpassungsprogrammen in die langfristige Entwicklungsfinanzierung ein. Er wurde damit zu einem »Finanzpolizisten« bzw. »ordnungspolitischem Zuchtmeister« von Entwicklungsländern, der sich in weit reichende Strukturfragen wie Arbeitsmarktregulierung und Handelspolitik einmischt. Der IWF schreibt Ländern z.B. die Gebührenhöhe für öffentliche Dienstleistungen, die Festlegung von Löhnen im Gesundheitsbereich oder das Auslaufen von Subventionen für Düngemittel in der Landwirtschaft vor. Die Weltbank wiederum hatte bis in die 1970er Jahre hinein nur Investitionsprojekte finanziert, stieg dann ab den 1980er Jahren umfassend in die Finanzierung von Reformprogrammen ein. Heute macht die so genannte programmorientierte Kreditvergabe einen Anteil von 30% an ihrer gesamten Kreditvergabe aus.

Die Schuldenkrise der Entwicklungsländer wurde zu einem Dauerzustand und ab den 1980er Jahren folgte eine Umschuldungsvereinbarung zwischen Schuldner- und Gläubigerregierungen auf die nächste. IWF und Weltbank – inzwischen nun selbst wichtige multilaterale Gläubiger – verhandelten im Interesse der westlichen Gläubiger die Umschuldungspakete und diktierten die politischen Reformen, die die Schuldnerländer dafür umzusetzen hatten. Industrieländer nutzten das internationale Schuldenmanagement als wichtigen Hebel, um ihre politischen und wirtschaftlichen Interessen durchzusetzen. Da die Schuldenspirale sich für viele arme Länder jedoch auf dramatische Weise immer weiter drehte, wurde Mitte der 1990er Jahre die internationale Schuldeninitiative (HIPC) ins Leben gerufen. IWF und Weltbank übernahmen die Rolle des umstrittenen »Gutachters« im Entschuldungsprozess und bestimmen seitdem die Notwendigkeit und die Höhe von Schuldenerlassen für einzelne Länder. Darüber hinaus legen sie auch die Bedingungen fest, die ein Land erfüllen muss, um Zugang zu Schuldenerlassen zu erhalten.

Der IWF und das Trauma der Finanzkrisen

Mit dem Ausbruch der Krise in Mexiko 1994 begann die dramatische Serie schwerer Finanz- und Wirtschaftskrisen in Schwellenländern, die das Ende des 20. Jahrhunderts und den Beginn des 21. Jahrhunderts prägten. Die Asienkrise von 1997 sprang von den asiatischen Tigerstaaten aus auf Russland und dann Lateinamerika über. Auch ehemalige neoliberale »Vorzeigestaaten« des IWF – wie beispielsweise Argentinien – waren betroffen. Der IWF agierte nach altbekanntem Muster. Er schnürte milliardenschwere Kreditpakete für die Krisenländer und griff massiv in ihre Wirtschafts- und Finanzpolitik ein. Die Länder mussten die rigiden Sparvorgaben, die hohen Zinsen, die umfassenden Liberalisierungs- und Privatisierungsmaßnahmen gegen ihren Willen umsetzen. Die durch den IWF vorangetriebene vorschnelle Liberalisierung der Kapital- und Finanzmärkte war bereits eine zentrale Voraussetzung für die Finanzkrisen gewesen. Doch der IWF drängte die Länder dazu, den Kapitalverkehr gänzlich zu liberalisieren. Der Abfluss der Kapitalströme wurde dadurch noch erleichtert. Die Milliardenkredite dienten so vor allem der Rettung der privaten ausländischen Kreditgeber. Eine der vielen Maßnahmen, die Indonesien im Rahmen des 43 Mrd. US-$ schweren Kreditabkommens mit dem IWF 1997 umsetzen musste, war eine Senkung der Subventionen für die indonesischen Lebensmittelimporte. Die Folge war ein rapider Anstieg der Nahrungsmittelpreise, die Zeche hatten also die Armen zu zahlen. Armut, Ungleichheit und soziale Destabilisierung nahmen im Zuge der Krisen in allen Ländern drastisch zu. Das Bild des zur Asienkrise amtierenden IWF-Präsidenten Michel Camdessus, der mit verschränkten Armen hinter dem indonesischen Präsidenten Suharto stand, als dieser das Kreditabkommen mit dem IWF unterzeichnete, ging um die Welt. Es versinnbildlichte die von den USA gestützte, arrogante und machtvolle Position des IWF, der die Abhängigkeit der Krisenländer schonungslos zur Durchsetzung desaströser neoliberaler Reformprogramme ausnutzt, die Millionen von Menschen und die wirtschaftliche Entwicklung ganzer Regionen in den Ruin treiben.

Ökologische und soziale Katastrophenprojekte

Ein wichtiges, bisher nicht abgeschlossenes Kapitel in der Geschichte der Weltbank ist die Finanzierung großer, umweltschädlicher Infrastrukturprojekte, darunter die weltweit größten und umstrittensten Vorhaben. Sie hat in ihrer Geschichte mehr als 60 Mrd. US-$ für über 550 Staudämme in 90 Ländern bereitgestellt. Durch die von der Weltbank finanzierten Staudämme, Öl-, Gas-, Wald- und Bergbauprojekte sind Millionen von Menschen vertrieben und ihrer Lebensgrundlagen beraubt worden und dramatische Umweltschäden entstanden. Wie kein anderes Großprojekt hatte die Förderung des Sardar Sarovan Staudamms am Narmada-Fluss in Indien die Weltbank ins Kreuzfeuer der öffentlichen Kritik gebracht. Mehr als 240.000 Menschen waren von den Folgen des Projekts betroffen. Das Versagen der Weltbank beim Umweltschutz, der Umsiedlungspolitik und der Wahrung der Rechte indigener Gemeinden wurde durch heftige Proteste der betroffenen Bevölkerung und indischer AktivistInnen in die Öffentlichkeit getragen. Die Weltbank musste sich schließlich dem Druck beugen und zog sich 1993 aus der Finanzierung des Projekts zurück. Der massive Protest gegen die von der Bank finanzierten Katastrophenprojekte fügte ihr einen erheblichen Imageschaden zu.

Lernfähige Institutionen?

Die heftige Kritik an den sozialen und ökologischen Folgen ihrer Politik hat IWF und Weltbank zu Veränderungen genötigt. Sie öffneten sich dem »Dialog mit der Zivilgesellschaft«, führten Evaluierungseinheiten ein und wurden ein Stück weit transparenter. Insbesondere bei der Weltbank wurden in den 1990er Jahren unter dem Weltbankpräsidenten James Wolfensohn (1995-2005) Richtlinien revidiert, neue Verwaltungs- und Dienstvorschriften erlassen und unzählige neue Instrumente eingeführt, die einen grundlegenden ökologischen und sozialen Politikwandel herbeiführen sollten. Die Armutsbekämpfung sollte ins Zentrum der beiden Bretton-Woods-Organisationen rücken. Der IWF erweiterte seine Kreditvergabe an ärmere Entwicklungsländer, um »ausdrücklich den Schwerpunkt auf die Armutsbekämpfung zu legen«. Der wirtschaftspolitische Kurswechsel bei den Bretton-Woods-Organisationen sollte durch die Einführung von Armutsstrategiepapieren (Poverty Reduction Strategy Papers, PRSPs) herbeigeführt werden, die jedes Land zur Bewilligung eines Kredits, eines Zuschusses oder eines Schuldenerlasses vorlegen musste. Anstelle von one-size-fits-all-Vorschriften aus Washington sollten die Empfängerländer auf Armutsbekämpfung orientierte Reformen durchführen, die aus dem Länderkontext heraus und unter Beteiligung der Zivilgesellschaft erarbeitet werden sollten. »Partnerschaft« und Eigenverantwortung (Country Ownership) wurden zu neuen entwicklungspolitischen Parolen, die ein Ende des hierarchischen Verhältnisses zwischen Geber- und Nehmerländern signalisieren sollten. Eine Reform der umstrittenen Konditionalitäten wurde ebenso angekündigt.

Schon ab Mitte der 1980er Jahre verpasste sich die Weltbank einen grünen Anstrich. Mit den Sozial- und Umweltstandards (Safeguards) wurde ein System zur Messung und zum Management der ökologischen und sozialen Risiken bei der Projektfinanzierung eingeführt. Die Folgeschäden der Projekte sollten abgemildert und die betroffene Bevölkerung geschützt werden. Um die Rechenschaftspflicht der Bank zu verbessern, wurde 1993 mit dem Inspection Panel eine unabhängige Kontrollinstanz eingerichtet, die Menschen anrufen können, wenn ihre Rechte durch Weltbankprojekte beeinträchtigt worden sind. Der Klima- und Umweltschutz wurde schon zu Beginn der 1990er Jahre mit ins Programm aufgenommen. Im Jahr 2001 verabschiedete die Bank schließlich eine Umweltstrategie. Außer einer ausufernden Armutsrhetorik ist von den großen Reformversprechen allerdings nicht viel übrig geblieben:

Kein Ende des Washington Konsens: Von den orthodoxen Wirtschaftskonzepten der Strukturanpassungsprogramme sind IWF und Weltbank nicht abgerückt. Einkommens- und Verteilungsfragen oder eine aktive Beschäftigungspolitik finden bis heute keine Berücksichtigung. Mit den Armutsstrategiepapieren haben Länder zwar größere Spielräume bei der Ausgestaltung und Zielsetzung sozialer Ausgabenprogramme erhalten, aber nicht bei der makroökonomischen Politik und der Wahl von

Entwicklungsstrategien. Weiterhin werden die Vergabe von Krediten und die Gewährung von Schuldenerlassen an umstrittene wirtschaftspolitische Bedingungen geknüpft, bei denen entweder kein positiver Beitrag zur Armutsbekämpfung zu erkennen ist, oder die gerade für ärmere und verwundbare Bevölkerungsgruppen dramatische Folgen haben.

Strukturanpassung in neuem Gewand: Ende der 1990er Jahre wurden »leistungsfähige Institutionen« und »gute Regierungsführung« (Good Governance) als zentrale Erfolgsgaranten wirtschaftsliberaler Reformen in die neoliberale Agenda integriert. Die »zweite Generation« der Strukturanpassung richtet sich schwerpunktmäßig auf die Reform der institutionellen und regulatorischen Strukturen in Entwicklungsländern. Das Ziel: möglichst freie und ungehemmte Kapital- und Handelsströme und Investitionssicherheit für Konzerne und Investoren. Inzwischen enthalten über 40% aller Konditionalitäten der Weltbank Vorgaben für die Reform eines auf Marktliberalismus ausgerichteten öffentlichen Sektors (Governance Konditionalitäten). Dazu gehören Bereiche wie der Schutz des Privateigentums, Rechtstaatlichkeit, Korruptionsbekämpfung, die Qualität der Haushalts- und Finanzverwaltung oder die »Effizienz« bei den öffentlichen Ausgaben (Höhe der Verschuldung eines Landes und Ausgabenstruktur des Staatshaushalts). Die Förderung von Demokratie und Menschenrechten gehört jedoch nicht zu dieser Agenda: »Good Governance« meint vor allem »Good Neoliberalism«.

Konzernagenda: Bei der Weltbank ist die Konzernförderung zum Kernbestandteil ihres fragwürdigen Entwicklungsansatzes geworden. »Privatsektorförderung« heißt das neue Zauberwort, das zur übergeordneten strategischen Priorität bei der Bank geworden ist. Dahinter verbirgt sich die Förderung eines optimalen »Investitionsklimas« für private Konzerne, die Eröffnung neuer Märkte durch die Privatisierung öffentlicher Unternehmen (auch im Bildungs- und Gesundheitsbereich) und die direkte Förderung privater Unternehmen. Die Vergabe von Krediten und Garantien für »Privatsektorentwicklung« hat sich seit 1980 nahezu verdoppelt und macht heute 30% der gesamten, von der Weltbank vergebenen Kredite aus. Die Weltbankinstitution IFC, die Kredite direkt an meist große Privatunternehmen vergibt, ist seit Jahren der am schnellsten wachsende Teil der Weltbankgruppe.

Grüner Neoliberalismus: Die Weltbank zog sich zwar ab Mitte der 1990er Jahre aus der Finanzierung umstrittener Staudammprojekte und anderer ökologisch schädlicher Programme zurück – doch wegen zunehmender globaler Rohstoffengpässe und Infrastrukturmängeln in Entwicklungsländern stieg sie ab 2003 wieder umfassend ein. Die Rechte der betroffenen Bevölkerung werden bis heute nicht geschützt, obwohl dies in den Sozial- und Umweltstandards der Weltbank vorgesehen ist. Mit vielen Umweltorganisationen arbeitet die Weltbank inzwischen sogar Hand in Hand bei der Durchführung von Projekten wie Aufforstungsprogrammen oder der Errichtung von Naturschutzgebieten – während sie die Finanzierung von Programmen und Projekten mit ökologisch desaströsen Auswirkungen ausbaut und den Boden für die Ausbeutung natürlicher Ressourcen wie Regenwälder, Metalle oder fossile Energien bereitet. Sie beschäftigt Hunderte hoch bezahlter Berater, die Umweltstudien erstellen und Maßnahmen zum »Management der Umwelt- und Sozialrisiken« entwerfen. Mit ihrem »grünen Neoliberalismus« verbreitet sie erfolgreich marktorientierte Lösungen im Umwelt- und Klimaschutz.

Protagonisten des »Katastrophen-Kapitalismus«

Auch in Ländern, die aufgrund von kriegerischen Konflikten oder Naturkatastrophen »am Boden liegen«, drängen IWF und Weltbank auf die Durchsetzung marktliberaler Prinzipien. Die beiden Bretton-Woods-Organisationen sind seit den 1990er Jahren in großem Maßstab in den Wiederaufbau von Post-Konfliktländern und die Katastrophenhilfe eingestiegen und haben das Feld in manchen Bereichen längst von der UN übernommen. 2007 hat die Weltbank Projekte in Höhe von 370 Mio. US-$ in der Elfenbeinküste, der Zentralafrikanischen Republik, Liberia, dem Libanon, der Demokratischen Republik Kongo und Osttimor finanziert. Auch der IWF bietet finanzielle Nothilfe in der Konfliktfolgezeit und bei Naturkatastrophen an. Beide Organisationen waren bei der Tsunami-Hilfe involviert. Das Schema ist meist das gleiche: Noch bevor das Land wieder auf die Beine gekommen ist, werden Marktöffnung, die Durchsetzung von Investitionsfreiheit und die Privatisierung öffentlicher Unternehmen durchgesetzt und Marktprinzipien beim Aufbau von Institutionen, Regierungs- und Verwaltungsinstanzen und Regulierungssystemen eingeschrieben. Bestes Beispiel für die Beteiligung von IWF und Weltbank an der Durchsetzung des »Katastrophen-Kapitalismus« (Naomi Klein) sind die im »Kampf gegen den Terrorismus« in die Knie gezwungenen Staaten Irak und Afghanistan, für die die Weltbank spezielle Entwicklungshilfe-Treuhandfonds verschiedener Geber verwaltet. Die Bank drängt in Afghanistan z.B. auf die Privatisierung von 50 öffentlichen Unternehmen, mehr als 14.500 Arbeitsplätze werden so in dem wirtschaftlich am Boden liegenden Land zerstört. Der IWF sorgt sich in diesem Land um die »makroökonomische Stabilität«. Die marktwirtschaftliche Ausrichtung der Wirtschaft und der Schutz von Investoren wurden in die neue afghanische Verfassung aufgenommen. Weder die Versorgung mit Basisdienstleistungen noch die Sicherheit der Menschen oder die Ernährung funktionieren – aber es gibt eine unabhängige Zentralbank. Ganz im Interesse der US-Regierung treibt der IWF seit 2005 im Irak die Verabschiedung eines Ölgesetzes voran, dass vor allem den US-Ölkonzernen den profitträchtigen und ungestörten Zugriff auf die Ölreserven des Landes sichern soll. »In Übereinstimmung mit den Vorgaben der Weltbank« sind im Irak die Zuteilungen im Rahmen des Systems der Lebensmittelrationierung, von dem 60% der irakischen Bevölkerung für ihre Basisversorgung abhängig sind, um die Hälfte gekürzt worden. Andere Sicherheitsnetze gibt es nicht. Während die Bevölkerung unter den neoliberalen Schock-Therapien leidet, erhalten Konzerne wie der US-Ölmulti Haliburton und der Baukonzern Bechtel für den Wiederaufbau zerstörter Infrastruktur Milliarden aus Mitteln der öffentlichen »Entwicklungshilfe«.

Wer hat das Sagen?

Die Machtverhältnisse innerhalb der Bretton-Woods-Organisationen sind seit ihrer Gründung weitestgehend konstant geblieben. Bis heute haben die Industrieländer das Sagen, obwohl seit

Jahrzehnten vor allem Entwicklungsländer von der Politik von IWF und Weltbank betroffen sind. Die 30 wichtigsten Industrieländer, die Mitglied in der Organisation für wirtschaftliche Zusammenarbeit und Entwicklung (OECD) sind, kontrollieren fast 70% der Stimmen in den Exekutivdirektorien von IWF und Weltbank. Die USA hat noch immer in beiden Institutionen Vetorecht, die Europäer sind deutlich überrepräsentiert. So können die Industrieländer alle relevanten Entscheidungen unter sich auskungeln. Vor allem die außen- und sicherheitspolitischen Prioritäten der USA dominieren bei der Kreditvergabe der Bretton-Woods-Organisationen, was sich z.B. daran zeigt, dass eine handvoll Länder, die den »Krieg gegen den Terror« unterstützten, nach dem 11. September 2001 von der Weltbank große Kreditpakete erhielten, darunter Pakistan (800 Mio. US-$), Indien (2,2 Mrd. US-$) und die Türkei (3,5 Mrd. US-$).

Die Forderung von Entwicklungs- und Schwellenländern nach mehr Mitsprache und Partizipation an den Entscheidungsprozessen von IWF und Weltbank steht seit den 1990er Jahren weitestgehend folgenlos auf der Agenda jeder Frühjahrs- und Jahrestagung der beiden Organisationen. Außer ein paar kosmetischen Maßnahmen wie die Aufstockung des administrativen Personals in den Büros der afrikanischen Exekutivdirektoren ist dabei nicht viel herausgekommen. Doch die Industrieländer können es sich nicht länger leisten, die Ansprüche vor allem der erstarkten Schwellenländer weiterhin zu ignorieren. Die Stimmrechtsverteilung im IWF spiegelt schon seit einiger Zeit nicht mehr die weltwirtschaftlichen Realitäten der Mitgliedsländer wider.

»Mission Creep«

In den letzten Jahren haben IWF und Weltbank ihre Aufgaben und Funktionen permanent erweitert (mission creep) und dadurch ihren Charakter als reine »Kreditgeber« geschwächt. Inzwischen sind die Zuständigkeitsbereiche von IWF und Weltbank fast unüberschaubar geworden und überschneiden sich im Bereich der Entwicklungsfinanzierung. Die Weltbank definiert sich heute nicht nur als Entwicklungsbank, sondern als »Entwicklungsagentur«, die neben Entwicklungsfinanzierung auch um-

Basisinformationen zur Governance-Struktur von IWF und Weltbank

Das *Stimmgewicht* der Mitgliedsländer in den Bretton-Woods-Institutionen hängt wie bei einem Privatunternehmen von der Höhe der jeweiligen Kapitalbeteiligung ab, es herrscht das Prinzip »one dollar – one vote«.

Beim IWF setzt sich das Stimmrecht eines Mitgliedslandes aus der Quote (Kapitalanteil beim IWF) und den Basisstimmen zusammen. Seit Gründung des IWF ist das Gewicht der Basisstimmen im Verhältnis zum Gewicht der Quote für die Bestimmung der Stimmrechte immer weiter gesunken, von anfänglich 11,3 auf 2,1%. Infolge dessen haben die schwächsten Länder im IWF immer mehr an Macht verloren – ungeachtet dessen, dass der IWF seit den 1980er Jahren nur noch Kredite an Entwicklungs- und Schwellenländer vergibt und in die Entwicklungsfinanzierung eingestiegen ist.

Die Anteilseigner werden bei IWF und Weltbank jeweils durch den *Gouverneursrat* repräsentiert (in der Regel Finanz- und Wirtschaftsminister, in der Weltbank auch einige Entwicklungsminister). Die obersten Leitungsgremien treffen sich einmal jährlich auf der Jahrestagung von IWF und Weltbank.

Die 24-köpfigen *Exekutivdirektorien* bei IWF und Weltbank sind für die allgemeine Geschäftsführung zuständig und treffen Entscheidungen über die Vergabe von Krediten und Zuschüssen sowie wichtige Strategien. Bei IWF und Weltbank werden die acht größten Anteilseigner (USA, Japan, Deutschland, Großbritannien, Frankreich, China, Saudi-Arabien und Russland) durch einen eigenen Exekutivdirektor vertreten, die übrigen 16 Exekutivdirektoren werden in so genannten Stimmrechtsgruppen gewählt. Die 43 afrikanischen Länder werden von nur zwei Exekutivdirektoren vertreten. Meist wird in den Exekutivdirektorien im Konsens entschieden.

Der *Entwicklungsausschuss* (Development Committee) ist der gemeinsame Ministerausschuss der Gouverneursräte von Weltbank und IWF. Die 24 Mitglieder des Exekutivausschusses – meist Fachminister oder Notenbankchefs – werden für zwei Jahre von den Staaten bzw. Staatengruppen nominiert, die die Exekutivdirektoren für den IWF und die Weltbank bestellen. Der *Internationale Währungs- und Finanzausschuss* (IMFC) ist der Ministerausschuss des Gouverneursrats des IWF, der die grundsatzpolitische Ausrichtung des IWF vorgibt. Beide Ausschüsse tagen zweimal jährlich auf der *Frühjahrs- und Jahrestagung* von IWF und Welt-

> bank. In den letzten Jahren hat sich die Gruppe der sieben führenden Industrieländer (G7) als das eigentliche strategische Lenkungsgremium des IWF etabliert.
> Bis heute hat sich das *Gentlemens Agreement* zur Besetzung der Chefposten bei den Bretton-Woods-Organisationen gehalten, das vor mehr als 60 Jahren zu deren Gründung vereinbart wurde. Der Weltbankpräsident ist bis heute ein US-Amerikaner, während der Posten des Geschäftsführenden Direktors des IWF einem Europäer vorbehalten ist.

fassende Expertisen für jede erdenkliche entwicklungspolitische Problemlösung bereitstellt. Als »Wissensbank« verfügt sie weltweit über die größte Forschungsabteilung im Bereich »Entwicklung« – mit einem Budget von ca. 50 Mio. US-$. »Beratung« ist zu einem Kernbereich geworden. Jedes Weltproblem, das hoch auf der internationalen Agenda rückt, landet früher oder später bei der Weltbank, sei es die Vogelgrippe, der Tsunami oder die Energiekrise. In mehr als 1.000 Treuhandfonds verwaltet sie Gelder von bilateralen und privaten Gebern in einer Gesamthöhe von 21,4 Mrd. US-$ (2007). Darunter sind u.a der Global Fund to fight Aids, Tuberculosis and Malaria, die Global Environmental Facility (GEF) sowie länderbezogene Fonds u.a. für den Irak und Afghanistan. An dem umfangreichen Fortbildungsprogramm der Weltbank nehmen jährlich etwa 100.000 Leute meist aus Parlamenten und Ministerien in Entwicklungsländern teil. Eine ca. 30 Mio. US-$ starke PR-Abteilung hält das Image der »allwissenden Bank« in der Öffentlichkeit aufrecht. Auch der IWF hat in den letzten 30 Jahren Aktivitäten wie Überwachung, Beratung, Forschung und technische Hilfe massiv ausgebaut und thematisch erweitert. Neben den traditionellen Bereichen der Geld-, Fiskal- und Währungspolitik befasst sich der IWF auch mit Finanzsektorreformen, dem Aufbau von Institutionen wie Zentralbanken, Schatz- und Statistikämtern, Kapitalmärkten, Steuer- und Zollbehörden, Handelspolitik, Arbeitsmärkten sowie der Ausarbeitung von Wirtschafts- und Finanzgesetzen. Wie die Weltbank hat er eine eigene Forschungsabteilung, die einflussreiche Reports und Publikationen erstellt. Der IWF führt unzählige Expertenabstellungen, Beratungsmissionen und Ausbildungsseminare in einer großen Zahl von Ländern durch. In gezielten Schulungen in Washington oder regionalen IWF-Fortbildungszentren werden Beamte aus Entwicklungsländern »ausgebildet«.

Die Macht der Bretton-Woods-Institutionen

Die Konditionalitäten sind zwar nach wie vor ein zentrales Machtinstrument der Bretton-Woods-Institutionen, aber schon lange nicht mehr die einzige und zentrale Machtressource. Schon vor 15 Jahren stellte ein hoher Angestellter der Weltbank fest: »Die Kreditvergabe ist nicht länger das größte Kapital der Weltbank im globalen Markt. Es ist das Wissen.« Politikberatung, Forschung, Kapazitätsaufbau, technische Hilfe, Schulungen, Konferenzen und »Politikdialog« sind zu zentralen Instrumenten des »soft power« geworden, mit denen Weltbank und IWF ihre politischen Ziele in Entwicklungsländern durchsetzen. Die besondere Machtposition beider internationaler Organisationen speist sich heute entscheidend aus ihrer internationalen Diskurs- und Deutungshoheit. Die Weltbank hat eine Monopolstellung im Entwicklungsdiskurs, mit erheblichem Einfluss auf Debatten über Wachstum, Entwicklung, Armutsbekämpfung, Klima- und Umweltschutz. Geber orientieren sich mit ihrer bilateralen Entwicklungshilfe an den Programmen und Konditionalitäten der Weltbank. Die Sozial- und Umweltstandards der Weltbank dienen Privatbanken, Exportkreditagenturen und regionalen Entwicklungsbanken als Leitlinien für die Durchführung und Finanzierung von Projekten. Auch der IWF hat in relevanten Fragen der Globalisierung und Finanz- und Geldpolitik eine mächtige Stimme. Er hat die Definitionshoheit über »makroökonomische Stabilität« in Entwicklungsländern. Eine zentrale Machtposition haben IWF und Weltbank auch durch ihre »Signalgeberrolle«, mit der sie einem Land den Zugang zu Entwicklungsgeldern bilateraler Geber oder ausländischer privater Investitionen eröffnen. Eine Abkehr von IWF und Weltbank kann einen erheblichen Mittelstopp anderer Geber zur Folge haben oder den Zugang zu privaten Kapitalmärkten verschließen. Es gibt in Entwicklungsländern derzeit keine Institutionen, die der Wissensproduktion und Analysekapazität von IWF und Weltbank ernsthaft etwas entgegensetzen könnten. Auch die UN hat nicht die gleiche Schlag- und Zugkraft wie IWF und Weltbank.

In zahlreichen Politikdialogen und -initiativen kooperieren die Bretton-Woods-Organisationen zudem mit anderen multilateralen Organisationen und bilateralen Gebern. Regelmäßig erhalten sie Aufträge von der Staatengruppe der reichsten sieben Länder und Russlands (G8). Die Weltbank ist an ca. 160 globalen und regionalen Partnerschaften beteiligt und gab dafür im Geschäftsjahr 2006 170 Mio. US-$ aus. Kritiker bezeichnen die Weltbank als »Meinungsbank« und werfen ihr vor, die Entwicklung alternativer wirtschaftspolitischer Konzepte marginalisiert zu haben. In einer Evaluierung der Qualität der wissenschaftlichen Arbeit der Weltbank, die von einem Team anerkannter WissenschaftlerInnen aus den Universitäten Oxford, Harvard und Yale 2006 durchgeführt wurde, hat sich bestätigt, dass die Weltbank Statistiken, Forschungsergebnisse und Reports nutzt, um ihre politische Linie zu rechtfertigen. MitarbeiterInnen der Bank berichten von erheblichem ideologischen Konformitätsdruck.

Die jüngere Geschichte von IWF und Weltbank ist ein Paradebeispiel wirtschaftlicher und politischer Machtkonzentration im Zuge der neoliberal getriebenen Globalisierung – unter fast völliger Abwesenheit demokratischer Rechenschaftspflicht der dominanten Akteure oder Kontrollmöglichkeiten für die betroffene Bevölkerung in Entwicklungsländern. Auch nach mehr als 15 Jahren extensiver Partnerschafts- und Armutsrhetorik kann von Mitbestimmung, Partizipation oder Demokratie in Bezug auf die Bretton-Woods-Organisationen nicht die Rede sein. Zwar präsentieren sich beide Organisationen in einem offenen und freundlichen Licht. Aber noch immer werden die Programme und Projekte von IWF und Weltbank gegen die Interessen der betroffenen Bevölkerung, der Zivilgesellschaft und oft auch der Regierungen und vorbei an den Parlamenten durchgesetzt. Entwicklungs- und umweltpolitisches Versagen wird schön geredet. Von der Vereinten Nationen (UN) haben sich die Bretton-Woods-Organisationen völlig entfernt – gleichwohl sie formal selbst zur UN-Familie gehören. Die Sozial-, Menschenrechts- oder Umweltabkommen der UN sind für IWF oder Weltbank nicht bindend. Es gibt bis heute keine Möglichkeit, die Bretton-Woods-Institutionen oder ihre Angestellten für die begangenen Fehler und Versäumnisse zur Verantwortung zu ziehen. Die MitarbeiterInnen von IWF und Weltbank genießen völlige Immunität, über deren Aufhebung allein die Institutionen selbst entscheiden.

Die WTO – das Kronjuwel der Globalisierung

Nord versus Süd

Bereits am 1. Januar 1994 knallten bei vielen Vorkämpfern eines liberalen Weltwirtschaftssystems die Sektkorken, als die NAFTA, die nordamerikanische Freihandelszone, feierlich in Kraft trat. Gestört lediglich durch die bewusst auf diesen symbolträchtigen Tag gelegte Offensive der zapatistischen Guerilla EZLN zur Errichtung eines autonomen Gebietes im verarmten Süden Mexikos. Exakt ein Jahr später am 1. Januar 1995 wurde mit die Gründung der WTO das Kronjuwel der »neoliberalen Konterrevolution«, wie Milton Friedman die Phase seit Amtsantritt der britischen Premierministerin Margret Thatcher im Mai 1979 nannte, ins Leben gerufen. Nach Ende der Ost-West-Konfrontation schien mit diesem doppelten Paukenschlag der Durchsetzung eines (neo)liberalen Weltwirtschaftssystems unter der Führung des Nordens keine Grenzen mehr gesetzt zu sein. Die Vorgeschichte der WTO reicht jedoch bis mindestens zur Weltwirtschaftskrise der 1930er Jahre zurück. Besonders in den USA und Großbritannien reifte die Idee heran, mit Hilfe eines institutionellen Gefüges die Weltwirtschaft zu koordinieren und zu stabilisieren. Denn als Ursache für die weltweite Krise wurde die protektionistische Handelspolitik ausgemacht. In der Endphase des Zweiten Weltkriegs wurde bei der Bretton-Woods-Konferenz nicht nur die Gründung von IWF und Weltbank beschlossen, sondern es wurde noch über eine weitere internationale Organisation diskutiert, die die Weltwirtschaft regulieren sollte: eine Internationale Handelsorganisation (ITO). Trotz einer 1947 in Havanna ausgehandelten und von mehr als 50 Staaten unterzeichneten

Havanna-Charta über die Errichtung einer Internationalen Handelsorganisation, scheiterte die ITO am US-Kongress, der die Charta nicht ratifizierte. Umstritten waren insbesondere die Ausführungen der Charta zur Preisstabilisierung von agrarischen und mineralischen Rohstoffen und zu gerechten Arbeitsnormen (fair labor standards). Ein Teil der Charta überlebte jedoch: Das Kapitel IV (Handelspolitik) über die Liberalisierung des Handels mit Industriegütern wurde unter dem Namen GATT, General Agreement on Tariffs and Trade (Allgemeines Zoll- und Handelsabkommen), realisiert. In den GATT-Zollsenkungsrunden wurden in den darauf folgenden fünf Jahrzehnten die Zölle für Autos, Maschinen, elektrische Geräte etc. drastisch vermindert.

Die WTO in ihrer heutigen Form ist das Ergebnis eines langwierigen Verhandlungsprozesses im Rahmen der letzten Handelsrunde des GATT – der Uruguay-Runde von 1986 bis 1994/95. Den Nährboden für das Interesse insbesondere des Nordens, den GATT-Verhandlungsprozess in eine internationale Organisation zu überführen und weitere Bereiche wie Dienstleistungen, Agrarprodukte und geistige Monopolrechte mit aufzunehmen, boten die ökonomischen Krisenjahre der 1970er Jahre. Höhepunkte der Turbulenzen waren sicherlich das Ende stabiler Wechselkurse des Bretton-Woods-Systems und die beiden Ölkrisen. Genau so wichtig waren aber Verschiebungen in der Weltwirtschaft: Die unangefochtene Überlegenheit der US-Exportindustrien auf den internationalen Märkten in den 1950er und 60er Jahren war einer zunehmenden Konkurrenz mit insbesondere japanischen und deutschen, aber auch anderen europäischen Unternehmen gewichen. Zudem zeichnete sich auch in einigen Entwicklungsländern die Entstehung konkurrenzfähiger Industrien ab – wie z.B. die indische Pharmaindustrie. Auch hatten die USA wie Europa große Summen in die Förderungen ihrer jeweiligen Landwirtschaften und derer Exportfähigkeit gesteckt und wollten aus ökonomischen Gründen das gegenseitige Hochschaukeln begrenzen. Von zentraler Bedeutung war zudem, dass in der UNCTAD (United Nations Conference on Trade and Development/Konferenz der Vereinten Nationen für Handel und Entwicklung) die Entwicklungsländer immer vehementer ihre

Forderungen nach einer »Neuen Internationalen Wirtschaftsordnung« vorbrachten.

Die UNCTAD war bereits 1964 als Organ der UN-Generalversammlung auf Druck der Entwicklungsländer gegründet worden, um ihrer Unzufriedenheit mit der Beschränkung des GATT auf Industriegüter einen institutionellen Ausdruck zu verleihen. Mit der UNCTAD schafften sie sich ein Forum für einen wirtschaftspolitischen Nord-Süd-Dialog z.B. über Fragen des Agrarhandels und zahlreiche weitere entwicklungspolitische Themen. Die erste UNCTAD-Konferenz im Jahre 1964 gilt zugleich als die Geburtsstunde der G77, der Gruppe der 77, dem Sprachrohr der Entwicklungsländer im UN-System, dem heute mehr 130 Länder angehören. Allerdings erst aufgrund der ökonomischen Krisen in den 1970er Jahren und der militärischen und politischen Niederlage der USA in Vietnam veränderten sich die weltweiten Kräfteverhältnisse derart, dass die Regierungen des Nordens tatsächlich in Gespräche über einen Nord-Süd-Ausgleich und über eine »Neue Internationale Wirtschaftsordnung« (siehe Kasten) einstiegen.

Die Uruguay-Runde:
Durchmarsch der Konzernagenda des Nordens

Mit Beginn der neoliberalen Offensive und spätestens mit dem Ausbruch der Schuldenkrise 1982 fand diese Konstellation des Nord-Süd-Dialogs ein Ende. Die UNCTAD war von den Regierungen des Nordens an den Rand gedrängt worden. Die Pläne, eine neue GATT-Runde zu starten, deren Agenda auf Bereiche wie Dienstleistungen, geistige Monopolrechte etc. auszuweiten und den GATT-Prozess durch eine durchsetzungsfähige internationale Organisation zu ersetzen, nahmen in den Hauptquartieren vieler transnationaler Unternehmen und Regierungsstellen konkrete Formen an. Dementsprechend hart waren Konflikte zwischen Nord und Süd in der Uruguay-Runde: Die USA, die an der Liberalisierung von Dienstleistungen besonders interessiert waren, hatten einen umfassenden Vertragsentwurf vorgelegt. Die indische Regierung trat bei der Diskussion dieses Vorschlags als Wortführer der Entwicklungsländer auf und forderte einen

> **Die »Neue Internationale Weltwirtschaftsordnung«**
> Der formale Vorschlag einer neuen Internationalen Weltwirtschaftsordnung wurde bei einem Gipfeltreffen der Bewegung der Blockfreien Staaten 1973 vorgelegt. Das unfangreiche Konzept fordert z.B.
> - das internationale Management von Rohstoffpreisen,
> - Verhandlungen über die Verlagerung von Industrien aus dem Norden in den Süden,
> - die Erhöhung der offiziellen Entwicklungshilfe auf 0,7% des Bruttosozialprodukts der Industriestaaten,
> - die Entwicklung von Mechanismen für einen Technologie-Transfer von Nord nach Süd,
> - das Recht zur Nationalisierung von ausländischem Eigentum,
> - eine enge Kontrolle transnationaler Konzerne.
>
> Angesichts der weltwirtschaftlichen Turbulenzen in den 1970er Jahren sahen sich die Industriestaaten gezwungen, Verhandlungen zuzustimmen und sich auf Generalversammlungen der Vereinten Nationen positiv zu diesem Konzept zu verhalten.
>
> 1981 initiierte die unter dem Vorsitz von Willy Brandt gegründete Nord-Süd-Kommission ein Gipfeltreffen im mexikanischen Cancún. Die Regierungen der Bundesrepublik und der USA bekämpften die Neue Internationale Weltwirtschaftsordnung am hartnäckigsten. Mit Ronald Reagans entschiedenem »No« war dieser Nord-Süd-Dialog de facto beendet. Von den Ländern des Südens wurde das Konzept bei der Gipfelkonferenz der blockfreien Staaten in Belgrad im September 1989 zu Grabe getragen, auch wenn die Abschlussdeklaration sie weiterhin als »schwieriges aber gültiges Ziel« bezeichnete.

besseren Interessenausgleich zwischen Nord und Süd. Ebenso kritisch positionierte sich das indische Handelsministerium mit einem Positionspapier zu einem weiteren neuen Thema, den handelsbezogenen Aspekten der Rechte des geistigen Eigentums (TRIPS): Es plädierte für eine Sonderbehandlung der Entwicklungsländer und eine weitgehende Ausklammerung geistiger Monopolrechte aus der allgemeinen Handelsliberalisierung. Die ökonomische Lage der meisten der Länder des Südens war in den 1980er Jahren desolat. Das Schuldenmanagement des IWF verschlechterte ihre ökonomische Position dramatisch, die IWF-Strukturanpassungsprogramme engten die wirtschafts- und sozialpolitischen Spielräume ein. Gegen Ende der Uruguay-Runde nahm zudem der politische Einfluss der Entwicklungsländer im Kontext der Entspannung zwischen den beiden Supermächten weiter ab. Gegenläufig dazu mehrten sich zum absehbaren Abschluss der Runde kritische Süd-Stimmen, insbesondere was die in der Runde nicht behandelten Probleme der Nord-Süd-Wirtschaftsbeziehungen, wie die Rolle transnationaler Unternehmen, Wechselkursinstabilitäten usw. anbetraf. So warnte 1989 der tansanische Präsident Julius Nyerere, dass der »ungeeinte Süden« Gefahr laufe, mit der Uruguay-Runde vom Norden mit einer neuen Weltwirtschaftsordnung konfrontiert zu werden, »die seinen eigenen Interessen noch effektiver dient, als die gegenwärtige«.

Nachdem entwicklungsorientierte Positionen der Regierungen des Südens vom Tisch gewischt worden waren, verlief die zweite Hälfte der Uruguay-Runde im Wesentlichen als bilaterale Veranstaltung zwischen europäischen und US-amerikanischen Handelsdiplomaten. Strittigstes Thema war die Landwirtschaft: Beide Parteien versuchten, der jeweiligen Gegenseite das Weitmöglichste an Marktöffnung und Reduktion der Unterstützungsleistungen abzutrotzen und dabei die eigenen Zugeständnisse in diesen Bereichen so gering wie möglich zu halten. Zugleich konnte der Norden nahezu ohne Abstriche seine Positionen durchsetzen, in den Chefetagen der transnationalen Konzerne herrschte große Zufriedenheit, als die Verhandlungen im April 1994 abgeschlossen wurden.

Die WTO als Weltwirtschaftsverfassung

Der Kern der WTO sind eine Reihe multilateraler Abkommen, eine Übereinkunft zu einem Verfahren zur Schlichtung von Handelsstreitigkeiten und einige plurilaterale Abkommen. Das alleinige Ziel der WTO ist die Liberalisierung von Märkten, d.h. die Beseitigung jeglicher Barrieren, seien es Zölle oder Gesetze oder Vorschriften, die einen reibungslosen Handel mit Gütern behindern. Eine prominente Ausnahme ist allerdings das TRIPS, das Abkommen über handelsbezogene Aspekte der Rechte an geistigem Eigentum. Hier geht es primär um die Schaffung eines neuen internationalen Rechtskörpers, der den freien Fluss von Wissen unterbindet und somit die Öffnung der Märkte für patentierte Produkte forciert. Nationalen Regelungen, die den patentierten Produkten im Weg stehen, werden unterlaufen.

Die zentrale politische Funktion der WTO ist die internationale, rechtliche Absicherung der Handlungsspielräume und des Eigentums der transnationalen Konzerne. Sie sind die Akteure, die Handel treiben, und sie profitieren daher zuallererst von den WTO-Regeln. Marktzugangsmöglichkeiten und Investitionen sollen bis auf unabsehbare Zeit durch ein multilaterales Regelwerk, das damit quasi als globale Wirtschaftsverfassung fungiert, festgeschrieben werden, juristisch abgesichert und für Konzerne einklagbar werden. Bei einer Mitgliederzahl von derzeit 152 Staaten (149 Staaten und drei Zollgebiete) ist eine Änderung von einmal eingegangenen Zugeständnissen ein äußerst schwieriges Unterfangen: Denn alle Vertragsstaaten müssten diesem Wunsch zustimmen. Die Möglichkeiten für Parlamente und Regierungen, ihre Wirtschaftspolitik zu gestalten, werden limitiert und damit demokratische Spielräume eingeschränkt. Und genau das ist der Zweck der WTO: Die Konzerne sollen gegen Veränderungen nationaler Kräfteverhältnisse abgesichert werden. Wenn soziale Bewegungen neue Regierungen ins Amt bringen, sollen sich diese in einem Korsett internationaler Regeln wieder finden und alternativen wirtschafts- und sozial- und umweltpolitischen Konzepten soll der Atem genommen werden.

Es ist irreführend, die WTO allein auf Fragen des Handels zu verkürzen. Denn weit darüber hinaus betrifft die WTO eine unüberschaubare Zahl von inner- und zwischenstaatlichen Regelungen und trägt somit zum neoliberalen Umbau von Staatlichkeit auf lokaler, regionaler und nationaler Ebene entscheidend bei. Marktzugangsmöglichkeiten und Investitionssicherheit für transnationale Konzerne sind wichtige Prinzipien einer Dynamik des globalisierten Kapitalismus, die öffentliche Güter und kleine (z.B. bäuerliche) ProduzentInnen in den Strudel einer »Ökonomie der Enteignung« zieht – d.h. einer Unterwerfung von Sphären, die bis dato nicht in globale Wertschöpfungsketten eingebunden oder öffentlich waren, so der Wirtschaftsgeograf und das Attac-Mitglied Christian Zeller. Dies geschieht über die Globalisierung von Eigentumsrechten und die Ausweitung von Märkten. Paradebeispiel ist das TRIPS-Abkommen zum Schutz der Rechte des geistigen Eigentums, das die Patentierung von natürlichen Ressourcen und Wissen forciert. Im Klartext heißt das: Aneignung von öffentlichen Ressourcen durch Patenthalter – und das sind zu ca. 90% transnationale Konzerne. Ein weiteres Beispiel ist das Dienstleistungsabkommen GATS, das die Öffnung sämtlicher Dienstleistungssektoren für ausländische Anbieter im Visier hat. Der Privatisierungsdruck auf öffentliche Dienste und soziale Sicherungssysteme wird dadurch verschärft und einmal eingesetzte Liberalisierungsmaßnahmen können de facto nicht rückgängig gemacht werden.

(K)eine Klärung des Verhältnisses zwischen Handels- und Umweltrecht

Wie die WTO auch auf Bereiche außerhalb ihres eigentlichen Aufgabengebietes massiv einwirkt, zeigt das Beispiel der Umwelt. Der Schutz der Umwelt ist in der WTO-Logik zunächst eines der »nicht-handelsbezogenen Anliegen« (non trade concerns). Darunter werden im WTO-Agrarabkommen Verbraucher-, Tier- und Umweltschutz, Ernährungssicherung, ländliche Entwicklung, Armutsbekämpfung und Sozialstandards verstanden. Nicht-handelsbezogenen Anliegen werden als Barrieren für den freien Handel von Waren und Dienstleistungen gesehen. Die WTO-Logik erfordert, sie zu beseitigen.

»Dies ist alles reine Unterstellung!« würde ein WTO-Sprecher entgegnen. Schließlich verhandele die WTO seit 2001 über Handel und Umwelt, dadurch sei doch der Umweltschutz in der WTO verankert. In der Tat sieht das damals beschlossene Verhandlungsmandat ein Kapitel zu »Handel und Umwelt« vor, darin will die WTO einen wesentlichen Konflikt klären: das Verhältnis zwischen handelsrelevanten Umweltabkommen wie etwa dem Washingtoner Artenschutzabkommen oder der Basel-Giftmüllkonvention und den WTO-Regeln. Wer hat im Konfliktfall Recht, wenn etwa ein WTO-Mitglied sich auf ein durch ein Umweltabkommen abgesichertes Importverbot beruft, dass exportierende

> **Fakten zur WTO**
>
> **Sitz:** Genf, Schweiz
> **Status:** eigenständige multilaterale Handelsorganisation außerhalb des UN-Systems
> **Mitglieder:** 152 (Stand Februar 2008)
> **Organe:** Ministerkonferenz, Allg. Rat, Fachräte und -komitees
> **Stimmrecht:** Jedes Mitglied hat eine Stimme, aber informelle Machtmechanismen sind relevant
> **Entscheidungsfindung:** Einstimmigkeitsprinzip (Konsensprinzip)
> **Budget:** 182 Mio. Schweizer Franken = ca. 113 Mio. Euro (2007)
> **Mitarbeiter:** 625 (2007)
> **General-Direktor:** Pascal Lamy
> **Hauptaufgaben:** Erleichterung der Durchführung, Verwaltung und Wirkungsweise der verschiedenen WTO-Abkommen; Regelung von Handelskonflikten zwischen den Mitgliedern in einem besonderen Streitschlichtungsverfahren; Bereitstellung eines Forums für Verhandlungen zwischen ihren Mitgliedern über die Weiterentwicklung der WTO-Abkommen; Überprüfung der nationalen Handelspolitik ihrer Mitglieder; Technische Unterstützung und Ausbildung zu Handelsfragen für Entwicklungsländer; Zusammenarbeit mit anderen internationalen Organisationen (v.a. Weltbank und IWF)
> **Hauptprinzipien:**
> *Meistbegünstigung:* Ein WTO-Mitglied muss einen Vorteil (z.B. einen niedrigen Einfuhrzollsatz) nicht nur einzelnen, sondern allen WTO-Mitgliedern gewähren. Eine Ausnahme von diesem Grundsatz gilt z.B. für besondere handelspolitische Vorteile, die Entwicklungsländern gewährt werden.
> *Inländerbehandlung:* Ausländische Produkte und Dienstleistungen dürfen nicht schlechter behandelt werden als »vergleichbare« einheimische Produkte und Dienstleistungen.
> *Transparenz:* Die WTO-Mitglieder sind verpflichtet, sich gegenseitig über ihre Handelshemmnisse zu informieren.
>
> Quelle: WTO

Land jedoch das Handelsrecht anwendet, nach dem der Handel nicht beeinträchtigt werden darf? Durch das Fehlen einer mit Kompetenz, Streitschlichtung und notwendigen finanziellen Mitteln ausgestatteten Weltumweltorganisation, die der WTO ein Gegengewicht liefern könnte, schafft es die WTO, das Pendel zwischen Handel und Umwelt zugunsten des Handels ausschlagen zu lassen. Das Übergewicht der durch das WTO-Streitschlichtungsverfahren einklagbaren Handelsregeln gegenüber den Umweltregeln zu reduzieren, den Umweltregeln einen gleichen Stellenwert oder gar den Vorrang einzuräumen, ist eine der zentralen Forderungen in der Debatte über Handel und Umwelt. Deshalb ist es sogar zu begrüßen, dass die WTO-Verhandlungen zu Handel und Umwelt seit sieben Jahren kein konkretes Ergebnis erbracht haben, denn dieses Ergebnis wäre angesichts der engen Vorgaben an die Verhandlungen sicherlich keines, das den Umweltschutz fördern würde.

Abgesehen vom Konflikt um das rechtliche Verhältnis von Handels- und Umweltrecht hat die Liberalisierungspolitik der WTO drastische Auswirkungen auf die Umwelt:

- Verbesserter Marktzugang auf Kosten der Umwelt: Der mit der laufenden Handelsrunde angestrebte verbesserte Marktzugang für Industriegüter soll diese billiger machen und dadurch ihre Nachfrage erhöhen. Erhöhte Nachfrage fördert langfristig die Produktion. Sofern diese, wie häufig der Fall, nicht nachhaltig betrieben wird, ist eine verstärkte Umweltzerstörung die Folge.
- Nichtberücksichtigung der Herstellungsverfahren: Ohne eine nachhaltige Konsum- und Produktionspolitik fördert der Freihandel zahlreiche unnötige, billige Produkte. Die Handelsregeln erfordern die so genannte Gleichbehandlung von Produkten: Umweltfreundliche Produkte können dabei nicht besser gestellt werden als umweltschädliche. Für die WTO ist z.B. Holz gleich Holz, unabhängig davon, ob es aus einer nachhaltigen Forstwirtschaft oder aus einem illegalen Kahlschlag stammt. Damit können über den Handel umweltfreundliche Produkte nicht gefördert und umweltschädliche Produkte nicht verboten werden.
- Damoklesschwert für Kennzeichnungen: Label und Siegel können als Handelshemmnisse eingestuft werden. So schwächen Freihandelsregeln die Möglichkeit, nachhaltige Produktionsweisen und Produkte durch entsprechende Kennzeichnung zu fördern.

- Ignoranz ökologischer Kernprinzipien: Das Vorsorgeprinzip, das Verursacherprinzip und die zahlreichen anderen in der Erklärung von Rio 1992 festgeschriebenen Kernprinzipien werden missachtet, da sie den freien Warenfluss beeinträchtigen können.

Die »Kohärenz-Agenda« von IWF, Weltbank und WTO

Weltbank, IWF und WTO haben es im Laufe der letzten 15 Jahre jeweils geschafft, zu einem zentralen und mächtigen Bestandteil des Geflechts der Global Governance Architektur zu werden. Die Organisationen agieren dabei nicht »isoliert« voneinander, sondern nutzen ihre spezifischen Funktionen, Kompetenzen und Einflussbereiche zur weltweiten Durchsetzung von Handelsliberalisierung und Investitionsfreiheit. Dabei gibt es eine klare und politisch gewollte »Arbeitsteilung«. Während die WTO Liberalisierungsverpflichtungen zwischen den Mitgliedsstaaten völkerrechtsverbindlich festschreibt, treiben IWF und Weltbank die Handelsliberalisierung in Entwicklungsländern voran und sorgen dort für die notwendigen komplementären Reformen zur Liberalisierungsagenda. Zwei Drittel aller zwischen 1983 bis 2003 von Entwicklungs- und Schwellenländern durchgeführten Zollreduktionen gehen auf unilaterale Maßnahmen der Länder zurück – meist unter dem Druck der Strukturanpassungsprogramme von IWF und Weltbank. Damit haben IWF und Weltbank auch die Verhandlungsposition der Entwicklungsländer in der WTO entscheidend geschwächt.

Offizielles Mandat zur Zusammenarbeit

Bereits während der Uruguay-Verhandlungen wurde die Notwendigkeit stabiler internationaler Rahmenbedingungen für die Liberalisierung und Expansion des Welthandels diskutiert. Die hohe Verschuldung der Entwicklungsländer, schwankende Wechselkurse, anhaltende Leistungsbilanzungleichgewichte sowie niedrige und stark schwankende Rohstoffpreise wurden als Hemmnisse für die ungehinderte Ausweitung der globalen Waren- und Dienstleistungsströme angesehen. Offene Märkte und internationale Handelsregeln sollten durch ein stabiles internationales Finanzsystem und einen verlässlichen Investitionsfluss in Entwicklungsländer flankiert werden. Die WTO erhielt deshalb bei ihrer Gründung das Mandat, mit wichtigen Organisationen aus den Bereichen Entwicklung und Finanzierung zusammenzuarbeiten, um eine »kohärente Weltwirtschaftspolitik« zu verfolgen. Dies wurde auch in einer »Kohärenz-Deklaration« festgehalten, die Teil der Abschlussdokumente der Uruguay-Runde ist.

Zwei Jahre nach ihrer Gründung unterzeichnete die WTO mit IWF und Weltbank weit reichende Kooperationsabkommen, die den Startschuss für den Ausbau der Zusammenarbeit zwischen den drei Institutionen gaben. Inzwischen reicht die Bandbreite der formellen und informellen Kooperation von regelmäßigen Kontakten auf der Führungs- und Mitarbeiterebene, einem umfassenden Informationsaustausch, der gegenseitigen Teilnahme an Treffen und wichtigen Gremiensitzungen, der Durchführung gemeinsamer multilateraler Initiativen bis zu einer engen Kooperation bei der Erstellung und Verbreiterung handelspolitischer und handelsbezogener Analyse und Forschung. Da die Bereitstellung von technischer Hilfe, Kapazitätsaufbau und Trainings von der WTO als zentraler Aspekt der »Entwicklungsdimension« des multilateralen Handelssystems angesehen wird, ist die Kooperation zwischen WTO, Weltbank und IWF auf diesem Gebiet besonders eng.

Die strategische Ausrichtung der Zusammenarbeit und gemeinsamen Agenda von IWF, Weltbank und WTO zielte von Beginn an vor allem auf die Beeinflussung der nationalen Politik der Entwicklungs- und Schwellenländer. Zwei Bereiche sind dabei bis heute besonders wichtig: *erstens* Handelsreformen und Handelsliberalisierung vor allem in ärmeren Entwicklungsländern. Darunter fallen z.B. handelsbezogene technische Hilfe sowie Investitionen in Institutionen, Infrastruktur und soziale Programme. Eines der Schlüsselprojekte der Kooperation der »unheiligen Dreifaltigkeit« ist das Integrated Framework for Trade-related Technical Assistance for Least Developed Countries, das 1997 im Kontext des WTO-Aktionsplans für ärmere Entwicklungsländer gegründet wurde. In dieser multilateralen Initiative werden auf Liberalisierung ausgerichtete Handelsreformen in Entwicklungsländern vorangetrieben – u.a. durch Länderanalysen, Dialogprogramme, Geberkoordinierung und technische Hilfe. Auch bei der handelsbezogenen Entwicklungshilfe (Aid for Trade), die nach dem Scheitern der WTO-Ministerkonferenz in Cancun 2003 erheblich aufgestockt wurde, kooperieren die drei Organisationen sehr eng. Ausgangspunkt war, dass Entwicklungsländer ohne zusätzlich zugesicherte finanzielle Unterstützung durch die Industrieländer zögerlich und zurückhaltend sein könnten, weitere Zollsenkungen und Liberalisierung im Rahmen der Doha-Runde zu akzeptieren. Aid for Trade wurde mit der WTO-Ministerkonferenz in Hongkong 2005 noch einmal massiv forciert, um die Entwicklungsländer zur Zustimmung zur Abschlusserklärung zu gewinnen. Auf ihrer Homepage beschreibt die WTO Aid for Trade als einen Testfall für ihr Kohärenz-Mandat. Der *zweite* Bereich bezieht sich auf die Verbindungen von Handels- und Finanzmarktpolitik im Kontext der Liberalisierung und Reform der Finanzsektoren, der Krisenprävention und der internationalen Finanzstabilität. IWF und Weltbank spielen eine zentrale Rolle in der Restrukturierung, Privatisierung und Öffnung der Finanzsysteme in Entwicklungs- und Schwellenländern – eine Voraussetzung für eine weitere Liberalisierung unter der WTO. Viele der Liberalisierungsverpflichtungen im Finanzmarktbereich, die Länder unter dem Dienstleistungsabkommen der WTO (GATS) eingegangen sind, stellen zudem eine völkerrechtlich verbindliche Absicherung der bereits unter dem Druck von IWF und Weltbank vorgenommenen Liberalisierungsschritte in Entwicklungsländern dar. Insbesondere der IWF spielt eine zentrale Rolle bei der Durchführung komplementärer Reformen der Finanzdienstleistungsliberalisierung: z.B. im Bereich der Durchsetzung von aufsichtsrechtlichen Standards und Codes für die Finanzsysteme der Entwicklungsländer.

IWF und Weltbank treiben zudem die Eingliederung von Entwicklungsländern in das WTO-System voran. Sie haben ihre eigenen Operationen mit den WTO-Regeln und -zielen in Übereinstimmung gebracht, drängen Länder zu einem WTO-Beitritt und bieten Unterstützung bei der Umsetzung der komplizierten Bestimmungen. Um die Bedenken der Entwicklungsländer gegen multilaterale Handelsliberalisierung auszuräumen, plazieren sie zeitgenaue Publikationen im Vorfeld wichtiger Verhandlungen, in denen sie die angeblich großen Gewinne für Entwicklungsländer durch eine forcierte multilaterale Handelsliberalisierung im Rahmen der WTO preisen und vor den Gefahren und angeblichen Wohlfahrtsverlusten durch Protektionismus warnen. Dabei rechnen sie die Anpassungskosten für Entwicklungsländer klein und die erwarteten mittel- bis langfristigen Gewinne groß – mit höchst fragwürdigen Methoden. IWF und Weltbank fungieren gleichzeitig als Reparaturbetrieb für die Folgewirkungen weiterer multilateraler Handelsliberalisierungen. Sie bieten einkommensschwachen Ländern z.B. in Bereichen wie Zoll- und Steuerreform technische Hilfe an, um sie »in die Lage zu versetzen, umfassend von der Handelsliberalisierung zu profitieren« – oder stellen Finanzhilfen für Länder bereit, die durch die Handelsliberalisierung anderer Länder Marktanteile verlieren.

Folgen des neoliberalen Wahns:
Immenser Reichtum und immense Armut

Trotz ihrer unterschiedlichen Mandate und Governance-Strukturen agieren IWF, Weltbank und WTO weitestgehend nach den Interessen der Industrieländer, auch wenn sich die Verschiebung der globalen Machtverhältnisse in den letzten Jahren auf die drei internationalen Organisationen ausgewirkt hat. Ihr hegemonialer Multilateralismus beruht nicht auf partnerschaftlicher Kooperation und einem wirksamen internationalen Interessensausgleich zwischen schwächeren und stärkeren Akteuren, sondern verhilft insbesondere den starken Akteuren, ihre Interessen global durchzusetzen. Kontrolliert werden die drei mächtigen Organisationen vor allem von Finanz- und Wirtschaftsministern und hohen und mittleren Beamten in Ministerien oder den internationalen Organisationen. WTO, IWF und Weltbank funktionieren nach den Vorstellungen von Bankern, Konzernchefs und neoliberalen Think Tanks. Sie haben zwar auf die Kämpfe und Proteste sozialer Bewegungen und Nichtregierungsorganisati-

Die globale Ungleichheit wächst

- Zwischen 1995 und 2005 verdoppelte sich das Vermögen der Menschen, die über ein liquides Kapitalvermögen von mehr als einer Mio. US-$ verfügen (High Net Worth Individuals, HNWIs), von 16,6 auf 33,3 Billionen US-$; Afrika hatte 2005 (11,7%) und 2006 (12,5%) das weltweit höchste Wachstum an HNWIs.
- Zwischen 1995-2005 belief sich die akkumulierte Entwicklungshilfe der OECD-Staaten auf 688 Mrd. US-$. Das sind 3,5% des Vermögenszuwachses der HNWIs im gleichen Zeitraum.
- Die weltweit reichsten 500 Personen haben zusammen ein Einkommen, das größer ist als das der ärmsten 416 Mio. Menschen.
- 40% der Weltbevölkerung, das sind 2,5 Mrd. Menschen, müssen mit weniger als zwei US-$ am Tag überleben. Ihr Anteil am globalen Einkommen beträgt nur 5%.
- 2001-2003 haben 854 Mio. Menschen weltweit an Hunger und Unterernährung gelitten; davon 820 Mio. in Entwicklungsländern; täglich sterben mehr als 25.000 Menschen an den Folgen von Hunger.
- In Sub-Sahara Afrika liegt der Anteil der Menschen, die über weniger als einen US-$ am Tag verfügen, bei 43% der Bevölkerung.
- Seit Mitte der 1980er Jahre haben die Lohnungleichheiten zwischen besser und weniger ausgebildeten Arbeitskräften deutlich zugenommen.
- Im Jahr 2005 verdienten die Hälfte der 2,8 Mrd. Beschäftigten nicht genug Geld, um sich selbst oder ihren Familien ein Leben oberhalb der absoluten Armutsgrenze von zwei US-$ am Tag zu ermöglichen.
- Zwischen 1995 und 2005 ist die Zahl der jugendlichen Arbeitslosen weltweit um 14,8% – von 74 auf 85 Mio. – angestiegen.
- In den vergangenen 40 Jahren sank der Anteil der am wenigsten entwickelten Länder am Welthandel von 1,9 auf weniger als 1%.

Quellen: UN 2007; ILO 2006; FAO 2006; UN-DESA 2005; UNDP 2005; Merrill Lynch/Capgemini 2007

---

onen (NRO) weltweit reagiert. Es gehört inzwischen zum »guten Ton«, dass sich die Chefs der drei Organisationen für eine »gerechte Globalisierung« aussprechen. Doch dahinter verbirgt sich nicht viel mehr als der Versuch, das Image der Organisationen mit schönen Floskeln aufzupolieren. Ein Blick auf die Entwicklungen der letzten Jahrzehnte zeigt deutlich auf, wer von der Agenda der Internationalen Wirtschaftsorganisationen profitiert – und wem sie schadet. Trotz immensen Wachstums hält die Tendenz zu Massenarbeitslosigkeit und Verarmung unvermindert an. Die Kosten und Nutzen der neoliberal getriebenen Globalisierung sind zutiefst ungleich verteilt. Seit den 1990er Jahren gibt es eine erhebliche Reichtumsentwicklung, wie dies im Welt-Reichtumsbericht (Merrill Lynch 2006) aufgeführt ist. Nicht nur das Vermögen der Reichen ist gigantisch gestiegen, sondern auch deren Anzahl. 2005 gab es weltweit 8,7 Millionen Menschen, die als »Individuen mit hohem Nettowert« bezeichnet werden und jeweils über ein liquides Kapitalvermögen von einer Mio. US-$ und mehr verfügen. Das rasante Wachstum von Finanzmarktakteuren wie Hedge Fonds und Private Equity Fonds, die die globalen Finanzmärkte noch instabiler machen, ist eine Konsequenz dieser Entwicklung. Gleichzeitig ist der Graben zwischen Arm und Reich in den letzten Jahrzehnten erheblich vergrößert worden, wie der Weltsozialbericht der UN von 2005 kritisiert und zwar sowohl zwischen Ländern als auch innerhalb von Ländern. Im Bericht werden auch die von IWF, Weltbank und WTO vorangetriebene Politik der Handelsliberalisierung, Privatisierung und Deregulierung als zentrale Ursachen benannt. Zwar ist die Anzahl der extrem armen Menschen in den letzten 20 Jahren leicht zurückgegangen, doch vor allem aufgrund der Entwicklungen in Indien und China. Der damalige Weltbankpräsident Paul Wolfowitz (2005-2007) musste in seinem Vorwort zum Weltbank-Jahresbericht 2006 zugeben: »Trotz des globalen Wachstums und abnehmender Armutsraten, hat sich die Anzahl der Menschen, die in extremer Armut in Sub-Sahara Afrika leben, zwischen 1981 und 2002 nahezu verdoppelt – von 164 bis 303 Mio. – fast die Hälfte der gesamten Bevölkerung. Bis 2015 wird die Anzahl der Armen weiter auf 336 Mio. ansteigen.«

Das Dogma, nach dem eine möglichst schnelle und umfassende Handelsliberalisierung in jedem Fall der richtige Entwicklungsweg für Entwicklungsländer ist, hat sich empirisch als falsch herausgestellt. Fast alle Länder, die als Beispiel »gelungener Entwicklung« gelten, haben eine Handelspolitik gewählt, die es ihnen ermöglicht, ihre Integration in die Weltwirtschaft mit

Hilfe eines breiten Spektrums an politischen Instrumenten zu steuern: wie Exportsubventionen, tarifären und nicht-tarifären Handelshemmnissen, der Einschränkung von Kapitalflüssen, gezielter Kreditvergabe, Urheberrechts- und Patentverletzungen und weitestgehend öffentlichem Eigentum des Industrie- und Bankensektors. Auch China brach nahezu jede der in orthodoxen Lehrbüchern genannten Regeln, wobei insbesondere die Missachtung der Sicherung von Privateigentum an einem Grundpfeiler kapitalistischen Wirtschaftens rüttelt. Die Handels- und Entwicklungskonferenz der UN (UNCTAD) hat in ihrem Bericht über die am wenigsten entwickelten Länder von 2002 den Zusammenhang zwischen Handel und Armut untersucht und festgestellt, dass ein sehr offenes Handelsregime mit der Zunahme von Armut einhergeht. Das derzeitige globale Wirtschaftssystem wird von einer internationalen Agenda bestimmt, die durch Themen wie Freihandel, den Schutz intellektueller Eigentumsrechte, der finanziellen Liberalisierung und Investitionsschutz dominiert wird. Klimaschutz, Armutsbekämpfung oder soziale Entwicklung werden in den herrschenden Marktdiskurs einsortiert und untergeordnet. Themen wie Kapitalverkehrskontrollen, die Besteuerung der Globalisierungsgewinner oder ein verbindliches System zur Konzernkontrolle wird von der Agenda verdrängt. So wird inzwischen auf der globalen »Entwicklungsagenda« der Fokus darauf gelegt, Entwicklungsländer »fit für den globalen Wettbewerb« zu machen. Eine der zentralen Folgen der gemeinsamen neoliberalen Agenda von IWF, Weltbank und WTO ist die Einschränkung wirtschaftspolitischer und demokratischer Handelsspielräume zur Gestaltung von alternativen Entwicklungsstrategien auf internationaler, nationaler und lokaler Ebene. Der globale Wettlauf um ausländische Direktinvestitionen und die Ausdehnung von Exporten hat zu einer Abwärtsspirale geführt, Regelungen zum Menschenrechts- oder Umweltschutz werden ignoriert oder der »internationalen Wettbewerbsfähigkeit« geopfert. Die Rechte privater Investoren und Unternehmen werden weltweit ausgebaut, während die Durchsetzung des Schutzes der Menschenrechte, der Umwelt und die Förderung sozialer Integration und Solidarität immer schwieriger werden.

2. IWF und Weltbank in Anpassungsnot

In den letzten Jahren haben sich die internationalen wirtschaftlichen und politischen Rahmenbedingungen so gravierend verschoben, dass es für IWF und Weltbank wieder einmal darum geht, sich an ein verändertes globales Umfeld »anzupassen«. Weltweit ist man sich einig, dass die beiden »alternden Diven der globalen Finanzströme« (TAZ, 20.10.2007) in einer handfesten Funktions-, Bedeutungs- und Identitätskrise stecken. Doch das erste Mal in der Geschichte der beiden Organisationen ist die Funktions- und Bedeutungskrise mit einer bedrohlichen Legitimationskrise gekoppelt.

Die Konkurrenz kommt

Der Ruf der beiden internationalen Finanzorganisationen hat in den letzten Jahren erheblich gelitten. Der IWF ist vor allem über sein katastrophales »Krisenmanagement« bei den schweren Finanzkrisen gestolpert. In den ehemaligen asiatischen und südamerikanischen Krisenländern gilt es inzwischen als grundlegende Voraussetzung für eine erfolgreiche Entwicklung, sich dem »neoliberalen Diktat« des IWF zu entziehen. Nach Ansicht des philippinischen Ökonomen und Aktivisten Walden Bello, Direktor der bekannten Süd-NRO Focus on the Global South, ist »in den Nachwehen der Asienkrise [...] nicht nur der IWF, sondern auch der Neoliberalismus selbst kollabiert«. Die umfassende Liberalisierungs- und Privatisierungspolitik von IWF und Weltbank wird von den meisten Entwicklungsländern abgelehnt. Unmut gibt es auch über die fortgesetzte US-Dominanz in den beiden internationalen Organisationen. Unter der kurzen Weltbankpräsidentschaft des »Falken« Paul Wolfowitz (2005-2007), der gegen den großen Widerstand aus aller Welt auf den Posten gehoben wurde, ist die Weltbank wieder stärker auf die geopolitischen Interessen der USA ausgerichtet worden, auch unter dem Deckmantel der Korruptionsbekämpfung. Dass Wolfowitz schließlich nach dem Skandal um die Gehaltserhöhung an seine Lebensgefährtin aus dem Amt gejagt wurde, ist Ausdruck der bröckelnden US-Hegemonie. Es fällt der Bush-Administration zunehmend schwerer, ihre Politik gegen Widerstand und Kritik in den internationalen Finanzinstitutionen durchzudrücken.

Viele Länder rund um den Globus wollen das US-gestützte globale Machtregime der beiden Bretton-Woods-Organisationen beenden. Es geht ihnen um die Wiedererlangung von Souveränität und der Rückgewinnung von (wirtschafts-)politischem Handlungsspielraum (policy space). Besonders in Südamerika sind in den letzten Jahren Regierungen durch demokratische Wahlen an die Macht gekommen, die einen Politikwechsel wollen und der US-Hegemonie offen die Stirn bieten. Der venezolanische Präsident Hugo Chávez verkündete im Sommer 2007 den Austritt seines Landes aus IWF und Weltbank und kommentierte das mit den Worten: »Es ist besser, wenn wir austreten, bevor sie uns ausrauben.« Die günstigen weltwirtschaftlichen Rahmenbedingungen der letzten Jahre haben vielen Ländern einen »Befreiungsschlag« von IWF und Weltbank ermöglicht.

Die entstandenen ökonomischen und politischen Spielräume werden genutzt, um auf nationaler und regionaler Ebene Alternativen zu IWF und Weltbank aufzubauen. In Zukunft soll der Liquiditätsbedarf im Fall von Zahlungsbilanzschwierigkeiten oder einem plötzlichen Abzug ausländischen Kapitals aus eigener Kraft gedeckt werden. In Asien wird schon seit der Krise von 1997 eine stärkere finanz- und währungspolitische Kooperation jenseits des IWF aufgebaut, z.B. durch die Kooperation zwischen den Zentralbanken. Mit der Chiang-Mai Initiative haben die zehn Staaten der südostasiatischen Staatengemeinschaft Asean gemeinsam mit China, Japan und Südkorea 2000 ein eigenes Versicherungsinstrument gegen Währungsattacken geschaffen, das bei Liquiditätsengpässen umgehend Mittel zur Verfügung stellt. Mit dem Präsidenten Hugo Chávez ist Venezuela in den letzten Jahren zu einer zentralen Triebkraft des Aufbaus regionaler Kooperationsmechanismen in Südamerika geworden, die gezielt gegen die US-Hegemonie und den Einfluss von IWF und Weltbank in der Region gerichtet sind. Dabei schlüpft Venezuela auch selbst in die Rolle des IWF und stellt Liquiditätshilfen an befreundete Staaten bereit. So hat Argentinien dank der Finanzhilfen aus Caracas seine Schulden bei IWF und Weltbank vorzeitig zurückzahlen können. Argentinien hatte nach der schweren Finanzkrise von 2001 den IWF auch als Schuldenmanager abgestraft und seine eigenen Regeln für die Um- und Entschuldung seiner enormen Verpflichtungen gemacht. Im März 2005 hatte das Land gegen den Widerstand des internationalen Gläubigerkartells aus OECD-Regierungen, Privatinvestoren und IWF eine Rekordumschuldung von mehr als 100 Mrd. US-$ an Anleihe- und Zinsschulden durchgesetzt. Mit der Gründung der Bank des Südens (Banco del Sur) ist ein entscheidender Schritt beim Aufbau südamerikanischer Alternativen gelungen. Auch wurde auf Initiative Venezuelas hin mit der Entwicklung eines Fondo Latinamericano de Reservas (FLAR) – eine Art südamerikanischen Währungsfonds – begonnen. Es wird sogar die Schaffung einer gemeinsamen Verrechnungseinheit diskutiert, die die Vorstufe zu einer gemeinsamen Währung darstellen könnte.

IWF und Weltbank haben in den letzten Jahren von finanzstarken Akteuren Konkurrenz erhalten, die nicht dem traditionellen Gläubiger- und Geberkartell westlicher Industrieländer angehören. Über die Vergabe von Krediten oder Zuschüssen machen diese neuen Geber ihre finanziellen und wirtschaftlichen Interessen selbstbewusst geltend, ohne sich an die etablierten Spielregeln zu halten. China ist bei Weitem der bedeutendste neue Geber, gefolgt von Kuwait, Brasilien, Indien, Südkorea und Saudi-Arabien. Anders als IWF und Weltbank und andere westliche Geber koppelt China keine wirtschaftspolitischen Konditionalitäten an seine Kreditvergabe. Vor allem in Afrika ist angesichts des aktuellen Nachfragebooms nach Rohstoffen ein neues Ringen um Einfluss und Zugang zu Ressourcen ausgebrochen. Auch gibt es inzwischen neue private Akteure, wie die Bill & Melinda Gates Foundation, die über beachtliche Summen verfügen. Doch vor allem die neuen Geber aus dem Süden graben das westliche Monopol in der Entwicklungshilfe ab – und damit

Die Bank des Südens – Alternative zu IWF und Weltbank?

Nach mühevollen Verhandlungen ist im Dezember 2007 die Gründung der »Banco del Sur« als wohl symbolträchtigstes Konkurrenzprojekt zu Weltbank und IWF gelungen – mit dabei sind Argentinien, Brasilien, Bolivien, Ecuador, Paraguay und Venezuela. Kolumbien und Chile haben Beobachterstatus. Die neue Entwicklungsbank soll Schlüsselprojekte in den Bereichen Infrastruktur, Technologie und Wissenschaft, Programme gegen die Armut sowie die Förderung nationaler Betriebe und kleinerer und mittlerer Unternehmen (KMU) finanzieren. Ihr Startkapital beträgt 7,7 Mrd. US-$ und soll in den nächsten Jahren deutlich anwachsen. Die Bank mit Hauptsitz in Caracas stellt das Herzstück beim Aufbau einer regionalen Finanzarchitektur dar und soll explizit südamerikanischen Interessen folgen. Sie steht im Zusammenhang mit den größeren Vorhaben in der Region, wie der Bildung einer »Bolivarianischen Alternative für die Völker unseres Amerikas« ALBA (einem auf soziale Ziele ausgerichteten Gegenentwurf zur Panamerikanischen Freihandelszone) und der Union der Südamerikanischen Staaten UNASUR (einem groß angelegten politischen Integrationsprojekt Südamerikas). Die Bank des Südens ist in vielerlei Hinsicht ein klarer Gegenentwurf zur Weltbank. Alle Mitgliedsländer verfügen unabhängig von ihrer wirtschaftlichen Stärke nach dem UNO-Prinzip über die gleiche Anzahl an Stimmen. Ihr Kapitel soll die Bank nicht auf den internationalen Finanzmärkten aufnehmen, sondern sich durch Einlagen und Darlehen der Mitgliedsstaaten finanzieren. Diskutiert wird auch, ob Einnahmen aus einer möglichen Steuer auf Devisentransaktionen zur Finanzierung der Entwicklungsbank verwendet werden sollen. Die Kreditvergabe soll anders als bei IWF und Weltbank ohne politische Konditionalitäten erfolgen und vor allem der Förderung öffentlicher Vorhaben dienen. Die Weltbank finanziert in erster Linie private Investitionen und Unternehmen. Die ecuadorianische Regierung hatte vorgeschlagen, dass die neue Entwicklungsbank – anders als die Weltbank – auf die Umsetzung internationaler Verträge im Bereich der Menschen-, Sozial- und Kulturrechte verpflichtet werden soll. In welcher Hinsicht das viel versprechende Projekt der Bank des Südens tatsächlich ein alternatives soziales und ökologisches Modell regionaler Integration in Südamerika finanzieren wird, steht derzeit noch in den Sternen. Die Vorstellungen von Brasilien, Argentinien, Ecuador und Venezuela liegen teilweise noch stark auseinander.

auch das von IWF und Weltbank. Im Jahre 2006 flossen zudem rund 650 Mrd. US-$ an privaten Krediten und Investitionen in Entwicklungsländer. Die Bedeutung multilateraler Kreditgeber – darunter auch die regionalen Entwicklungsbanken – ist in den Mitteleinkommensländern in den letzten Jahren stark zurückgegangen. Dort machten die multilateral vergebenen Kredite nur noch 0,6% an den nationalen Investitionen aus – 1995 waren es noch doppelt so viele.

Machtverlust

Für die Bretton-Woods-Organisationen markieren die jüngsten Entwicklungen einen massiven Bedeutungs- und Funktionsverlust. Beim IWF haben fast alle ehemaligen asiatischen und südamerikanischen Krisenländer ihre ausstehenden Milliardenschulden zurückgezahlt, teilweise deutlich vor Ablauf der vereinbarten Kreditlaufzeiten. Auch Länder wie Serbien, Ecuador und Malawi haben ihre ausstehenden Verbindlichkeiten vorzeitig beglichen. Die Neuzusagen für Kredite des IWF sind in den letzten Jahren stark gesunken: In den Geschäftsjahren 2003 und 2004 waren es noch jeweils zweistellige Milliardenbeträge (32 und 26 Mrd. US-$), 2007 nur noch 500 Mio. US-$. Die Beteiligung an IWF-Programmen ist auf dem niedrigsten Stand seit Mitte der 1970er Jahre. Das ausstehende Kreditvolumen des IWF ist zwischen 2003 und 2007 von knapp 107 auf ca. 8 Mrd. US-$ zurückgegangen. Die Türkei ist derzeit der wichtigste Kreditnehmer des IWF und zugleich das einzige Schwellenland, das noch bei ihm leiht – weswegen der IWF schon scherzhaft als »türkischer Währungsfonds« bezeichnet wird. Der »Hüter der internationalen Finanzstabilität« vergibt fast nur noch Kredite an weltwirtschaftlich unbedeutende, ärmere Entwicklungsländer, wie die Demokratische Republik Kongo oder den Sudan. Auch bei der Weltbank ist das Ausleihvolumen an die Mitteleinkommensländer deutlich gesunken. Diese Ländergruppe hat von 2002-2007 ca. 26 Mrd. US-$ mehr zurückgezahlt, als sie in der gleichen Zeit von der Bank ausgeliehen hat.

Die zurückgehenden Einnahmen aus dem Kreditgeschäft mit Schwellenländern und die verfrühten Schuldenrückzahlungen bringen IWF und Weltbank in Bedrängnis. Je weniger Kredite sie vergeben, desto geringer sind ihre laufenden Einnahmen aus Zinszahlungen und Gebühren – und je dünner wird ihre Finanzdecke zur Zahlung der enormen Betriebs- und Personalkosten von 2 Mrd. US-$ (Weltbank) und 1 Mrd. US-$ (IWF). Im Geschäftsjahr 2007 hat der Fonds das erste Mal in seiner Geschichte ein Defizit von über 100 Mio. US-$, das nach Schätzungen bis 2010 auf 360 Mio. US-$ ansteigen könnte. Ebenso wichtig ist, dass mit der zurückgehenden Kreditvergabe ein zentraler Machthebel der internationalen Finanzinstitutionen schwindet. IWF und Weltbank können nicht mehr wie zuvor wichtigen Schwellenländern im Interesse ihrer Hauptanteilseigner eine bestimmte Politik aufzwingen. Als hochmütiger Oberlehrer tritt der IWF nur noch in armen Ländern auf. Wollen die Bretton-Woods-Organisationen bei ihren »Lieblingskunden« in Südamerika und Asien »im Geschäft« bleiben, müssen sie sich weitestgehend an deren Spielregeln halten. Durch die mächtige Geberkonkurrenz und die verstärkte regionale Kooperation entstehen für viele Entwicklungsländer Spielräume für alternative Entwicklungsstrategien und andere machtpolitische Konstellationen. Neben Venezuela hat auch Bolivien offen mit dem IWF gebrochen und ist sogar aus dem Schiedsgerichtsorgan zur Beilegung von Investitionsstreitigkeiten (ICISD) der Weltbank ausgetreten. Ecuador erkennt das »Weltbankgericht« zwar noch an, hat aber Konflikte mit Konzernen über Erdöl, Gas, Mineralien und andere natürliche Ressourcen aus dem Kompetenzbereich des ICSID herausgenommen.

Die reichsten sieben Industrieländer, die »G7« – das eigentliche Steuerungszentrum von IWF und Weltbank – wissen, dass eine Reform der beiden Institutionen erforderlich ist, um deren Bedeutungsverlust zu stoppen. Auch bei der Staatengruppe »G20«, die aus den Finanzministern und Notenbankgouverneuren der 19 wichtigsten Industrie- und Schwellenländer sowie der EU besteht, ist das Thema auf der Agenda. Und die beiden Bretton-Woods-Organisationen haben bereits mit Eifer begonnen, ihrem Bedeutungs- und Legitimitätsverlust entgegenzuwirken.

Der IWF im Schlamassel

Um seine Rolle im internationalen Wirtschafts- und Finanzsystem zu stärken, hat der IWF eine »mittelfristige Strategie« beschlossen. An seinem Kernmandat, der Förderung internationaler makroökonomischer Stabilität, hält er fest, deutet dieses jedoch elegant um: Er sieht die Unterstützung der Mitgliedsländer bei einer »erfolgreichen Integration in die Weltwirtschaft« als seine zentrale Aufgabe an. Für Schwellenländer will er ein Krisenpräventions-Versicherungsinstrument gegen die schwankungsanfälligen Kapitalströme einführen. Trotz Kritik baut er in einkommensschwachen Ländern seine Arbeit aus: Er reklamiert für sich eine wichtige Rolle bei der Überprüfung der Fortschritte bei der Umsetzung der Millennium-Entwicklungsziele (MDGs), will Länder stärker »beraten« – z.B. wie sie die höheren Entwicklungshilfeströme »effektiv« einsetzen können und bleibt im Schuldenmanagement involviert. Mit dem »Policy-Support-Instrument« bietet er Ländern, die keine Mittel vom IWF mehr benötigen, auch ohne Kreditvergabe ein Überwachungs- und Beratungsprogramm an. Um sich wieder neu in der internationalen Finanzarchitektur zu positionieren, setzt der Fonds auf die Stärkung seiner Überwachungsfunktion. Mit dem neu verabschiedeten »Regelwerk für die Wechselkursbeurteilung« wird er nun dafür sorgen, dass die Mitgliedsländer durch ihre Wechselkurspolitik nicht die »außenwirtschaftliche Stabilität« gefährden. Für weltwirtschaftlich zentrale Länder hat er »multilaterale Konsultationen« eingeführt, bei denen eine koordinierte Vorgehensweise zur Abwendung von Risiken für die Weltwirtschaft oder einzelne Länder beraten werden soll. Auf der Agenda stehen auch Maßnahmen, die den neoliberalen Oberlehrer »schlanker«, »kostengünstiger« und »effektiver« machen sollen. Auf Drängen der G7 muss der Fonds mehrere hundert Mitarbeiter loswerden, seine Ausgaben runter fahren und ein neues Einkommensmodell entwickeln. Dabei geht es z.B. um den Verkauf seiner Goldreserven oder die Erhebung von Gebühren für Beratungen.

Ein Kernstück der Reformagenda des IWF ist die Verbesserung der formalen Repräsentation der wachstumsstarken Schwellenländer. Im September 2006 wurde ein zweistufiges »Reformpaket« verabschiedet. Zunächst erhielten vier besonders stark unterrepräsentierte IWF-Mitglieder (Mexiko, Südkorea, China und Türkei) eine geringe »ad-hoc Stimmrechtserhöhung« von 1,8%. Bis Ende 2008 soll eine grundlegende Umverteilung der Stimmrechte zugunsten der wachstumsstarken Schwellenländer erfolgen. Damit die ärmeren Entwicklungsländer – die derzeit die Politik des IWF am meisten zu spüren bekommen – nicht die großen Verlierer der Stimmrechtsreform werden, soll ihr Stimmrechtsanteil als Gruppe zumindest konstant bleiben.

Um »im Geschäft« zu bleiben, versucht der IWF also, seine Zuständigkeitsbereiche möglichst breit zu halten. Von einer Konzentration auf seine Kernkompetenz – wie dies seit langem von Nichtregierungsorganisationen gefordert wird – ist keine Rede. Was dem IWF derzeit aber trotz aller »Anpassungsversuche« besondere Schwierigkeiten bereitet, ist die Neuausrichtung auf die Bedarfe von Schwellenländern. Seit der Asienkrise hat es der Fonds nicht geschafft, ein angemessenes Finanzierungsinstrument zur Krisenprävention für Schwellenländer zu schaffen. Während die USA nicht wollen, dass der Fonds umfassende und unkonditionierte Mittel bereitstellt, lassen sich Schwellenländer nicht mehr darauf ein, für eine Kreditaufnahme beim Fonds Bedingungen zu erfüllen. Gegen den massiven Protest Chinas hatte die US-Regierung auch das neue »Regelwerk für die Wechselkursbeurteilung« durchgeboxt, um die Chinesen unter Druck zu setzen, damit sie ihre Währung aufwerten. Nun hat der Fonds das klare Mandat, einzelne Mitgliedsländer zu schelten, wenn ein Land Maßnahmen ergreift, »um eine fundamentale Fehlanpassung des Wechselkurses in Form eines unterbewerteten Wechselkurses zu erreichen« und dadurch »die Nettoexporte zu erhöhen«. China hatte kritisiert, dass vor allem Schwellenländer von der neuen Regelung betroffen wären, da sie ihre Wechselkurse mit dem Ziel der Exportförderung niedrig halten. Schließlich nutzen die G7 den IWF auch als Druckmittel, um den unliebsamen Einfluss kapitalstarker Staatsfonds aus China, Russland oder dem Nahen Osten zu begrenzen, die in großem Maßstab in westliche Unternehmen investieren. China und Russland sind wenig begeistert. Ob die verkrusteten Machtstrukturen des IWF mit der beschlossenen Stimmrechtsreform aufgebrochen werden, ist zudem höchst fraglich. Das Reformpaket ist auch unter Schwellenländern umstritten. Ein großer Druck lastet auf den EU-Staaten, die deutlich überrepräsentiert sind. Das Veto der USA steht gar nicht erst zur Disposition.

Die Industrieländer, allen voran die USA, haben wenig Motivation, dem IWF eine neue, bedeutende Rolle in der Weltwirtschaft zu geben. Dies hat vor allem zwei Gründe: Die Industrieländer sehen sich derzeit nicht mit einer neuen Krise aus Entwicklungs- oder Schwellenländern konfrontiert, die unter ihrer Kontrolle – also mit Hilfe des Fonds – angegangen werden sollte. Zweitens würde eine globale Aufwertung des Fonds erfordern, dass er auch mehr Einfluss auf die Finanz- und Währungspolitik der Industrieländer erhält – wozu diese aber nicht bereit sind. Wie wenig allein die USA dem Fonds eine wichtigere Rolle zugestehen wollen, zeigte sich schon an ihrem Veto gegen den IWF-Vorschlag der Einführung eines Internationalen Insolvenzverfahrens für Staaten (2003). Auch die erste multilaterale IWF-Konsultation mit China, dem Euroraum, Japan, Saudi-Arabien und den USA zum Abbau der globalen Ungleichgewichte (Haushalts- und Außenwirtschaftsdefizit der USA und Handelsüberschüsse und enorme Devisenreserven von China und anderen Schwellenländern) ging im Frühjahr 2007 folgenlos zu Ende. Solange sich die Haltung der Industrieländer nicht ändert, stehen die Karten für den IWF schlecht, irgendeine nennenswerte Rolle bei den großen Themen der Weltwirtschaft – dem Abbau globaler Ungleichgewichte oder der Bewältigung der vom US-Subprime-Hypothekenmarkt ausgegangenen weltweiten Finanzturbulenzen, die vor allem die Industrieländer betreffen – zu spielen. So bleibt dem IWF derzeit nicht viel mehr, als verbissen an seiner letzten Machtbastion als finanzpolitischer »Know-How-Makler« in armen Entwicklungsländern festzuhalten. Soren Ambrose, ein langjähriger NRO-Aktivist von der Anti-Weltbank/IWF Kampagne »50 Jahre sind genug!« beschreibt den IWF in seiner heutigen Verfassung als einen »herumtaumelnden Boxer, der versucht, dem letzten KO-Schlag auszuweichen«. Würde der Fonds mit dem Ausbau seiner Aktivitäten in ärmeren Entwicklungsländern nicht so viel Schaden anrichten, wäre dies ein Grund zur Freude.

Die Weltbank im Aufwind?

Auch die Weltbank hat eine »neue Strategie« ausgerufen, um ihre »globale Bedeutung« zu verteidigen und ihr Einkommen zu sichern. Sie will ein neues Geschäftsmodell und eine neue Rolle in der internationalen Finanz- und Entwicklungsarchitektur. Der dem umstrittenen Paul Wolfowitz auf den Posten des Weltbankpräsidenten gefolgte Robert Zoellick, ehemaliger US-Vize-Außenminister und langjähriger Handelsbeauftragter der Bush-Regierungen, hat sechs zentrale strategische Oberthemen ausgerufen, entlang derer sich die Weltbank neu aufstellen soll: 1. die Förderung von Wachstum und Armutsbekämpfung in Afrika; 2. die Probleme der Staaten nach kriegerischen Konflikten; 3. das Engagement in Mitteleinkommensländern; 4. eine aktive Rolle bei der Förderung regionaler und globaler öffentlicher Güter (Klimawandel, HIV/Aids, »Hilfe für Handel«, Energiekrise, etc.); 5. ein stärkeres Engagement in der arabischen Welt; 6. die Stärkung ihrer Rolle als »Wissensfundus angewandter Erfahrung«. Eine große Stimmrechtsreform steht vorerst nicht an, da bei der Weltbank in der Regel nachgezogen wird, wenn es diesbezüglich beim IWF eine Einigung gegeben hat.

Angesichts der wachsenden Konkurrenz auf dem Markt der »Entwicklungshelfer« und Kreditgeber will die Weltbank ihre »Marktposition« behaupten. Sie ist ebenso wie die regionalen Entwicklungsbanken bei der Finanzierung von Infrastrukturprojekten mit erheblicher Konkurrenz durch Exportkreditagenturen oder Banken aus Schwellenländern konfrontiert. Die brasilianische Entwicklungsbank BNDES verfügt allein über ein Jahresbudget von 37 Mrd. US-$ – das entspricht in etwa dem gesamten jährlichen Ausleihvolumen der Weltbankgruppe. Der frisch von der Investment Bank Goldman Sachs gekommene Robert Zoellick, wohin er nach seinem Ausscheiden aus der US-Regierung wechselte, sagte bereits nach zwei Monaten im Amt, dass die Weltbank mehr wie »die Wall Street funktionieren« müsse, um ihren weltweiten Niedergang zu stoppen. Die Bank will nun maßgeschneiderte Finanzprodukte Ländern anbieten, die keinen Zugang zum Kapitalmarkt haben, wie z.B. Absicherungen für Güterpreis- oder Zinsschwankungen. Um vor allem bei den Schwellenländern als Kredit- und Ratgeber »attraktiv« zu bleiben, hat sie bereits die Kreditvergabe vereinfacht und »beschleunigt« sowie Zinsen und Gebühren gesenkt. Die Weltbankinstitutionen sollen »effizienter« zusammenarbeiten. Die Weltbank ist auch auf Schmusekurs mit ihrem schärfsten Konkurrenten: Sie will nun mit China vor allem in Afrika kooperieren.

Doch es geht derzeit nicht nur um die Sicherung ihrer Finanzierungsbasis, sondern auch um ihre globale Bedeutung, ihren Einfluss in wichtigen Regionen der Welt. Den soll die Bank im Sinne ihrer westlichen Anteilseigner ausbauen. Für die deutsche Entwicklungsministerin Heidemarie Wieczorek-Zeul ist die Weltbank »eines der wichtigsten Instrumente, um globale Politik zu bestimmen« (Der Spiegel, 3/07). Die neuen sechs strategischen Themen der Weltbank betreffen alle Kerninteressen der westlichen Industrieländer, vor allem der USA. In alter Manier stellt sich die Bank im internationalen Entwicklungshilfegeschäft als unverzichtbar dar und zieht immer mehr Aufgaben und Zuständigkeiten an sich. Sie soll nicht mehr nur »Retterin der Armen« sein – ein Anspruch, an dem sie bis heute kläglich scheitert –, sondern mit dem neuen Mandat auf den Schutz globaler öffentlicher Güter auch »Retterin der Welt«. Dabei geht es vor allem darum, die Schwellen- und Entwicklungsländer »in die Pflicht« zu nehmen. Die großen Themen auf der internationalen Agenda, neben den genannten auch Pandemien, Terrorismus, Naturkatastrophen, Migration und Armut, sind in den letzten Jahren wichtiger für die sicherheits- und außenpolitischen Interessen der Industrieländer geworden. Die Entwicklungspolitik ist als außenpolitisches Instrument in den Blick geraten. Davon profitiert auch die Weltbank. Sie hat von den Gebern, zu denen das erste Mal auch China gehört, Rekordzusagen für ihre Institution International Development Association in Höhe von 25,1 Mrd. US-$ (Juli 2008 bis Juni 2011) erhalten – eine Verdopplung zur vorherigen Geberrunde.

Im Kontext der verstärkten geo- und außenwirtschaftlichen Interessen ihrer wichtigsten westlichen Anteilseigner und der »Anpassung« an die neuen Machtansprüche der Schwellenländer ist die Weltbank immer weniger dazu in der Lage, ihr Kernmandat, die Armutsbekämpfung, zu erfüllen. Ihr fortgesetztes Engagement in Schwellenländern hat damit zumindest kaum etwas zu tun. Zwar leben in China und Indien ca. 70% der weltweit Armen. Doch die Bank fördert vor allem Großprojekte und Programme, die der neoliberalen Wachstumsagenda im Bereich von Infrastruktur und Weltwirtschaftsintegration dienen. Zudem muss sich die Weltbank in Schwellenländern an deren Spielregeln halten. Dort sind weder die Konditionalitäten der Weltbank noch die »Bearbeitungsdauer« bei Krediten – also z.B. die Umwelt- und Sozialstandards – besonders beliebt. Auch der Weltbankarm IDA, der vorrangig den ärmeren Ländern helfen soll, arbeitet immer mehr mit dem Privatsektorarm IFC (vergleiche S. 11) Hand in Hand, der vor allem die großen Konzerne direkt fördert und Privatisierungen vorantreibt. Die Kluft zwischen schönen Worten und der zerstörerischen Förderpraxis der Weltbank hält unvermindert an: Während sie sich in ihrem neuen »Klimaschutzmandat« in der westlichen Weltöffentlichkeit als neue »Klimaretterin« feiert, fährt sie ihre Investitionen in klima- und umweltschädliche Projekte und Programme massiv hoch.

Nach Auffassung von Tom Barry, Direktor des US-amerikanischen International Relations Center, akzeptiert der Weltbankpräsident Robert Zoellick ebenso wie sein umstrittener Vorgänger Paul Wolfowitz die »Prämisse globaler US-Vorherrschaft« – er wisse aber, diese Vorherrschaft »weise zu managen« (Spiegel Online, 30.5.2007). Es ist also zu befürchten, dass die Weltbank trotz ihrer »Anpassungskrise« in Zukunft bedeutsamer wird.

IWF und Weltbank weiterhin relevant

So sehr der Krisenbegriff für eine Zustandsbeschreibung von IWF und Weltbank auch angemessen sein mag, ein grundlegender Niedergang der Bretton-Woods-Institutionen zeichnet sich vorerst nicht ab. Die beiden Institutionen stellen, ebenso wie die WTO, zentrale Angelpunkte für das machtpolitische Austarieren eines veränderten Nord-Süd Verhältnisses dar. Doch das zentrale strukturelle Manko von IWF und Weltbank ist der einseitige Fokus auf die Beeinflussung der Politik von Entwicklungs- und Schwellenländern. Der Nord-Süd Konflikt ist diesen Institutionen sozusagen eingeschrieben. Das wird sich auch nicht mit den derzeitigen »Anpassungsversuchen« ändern. Denn es geht bei den eingeleiteten Maßnahmen vor allem darum, die beiden internationalen Finanzinstitutionen im Lichte der veränderten globalen Machtbalance als Machtinstrumente der westlichen Industrieländer – insbesondere der USA – global neu zu positionieren. Wie sonst sollte der Widersinn zu erklären sein, dass die Weltbank den Auftrag erhalten hat, »globale öffentliche Güter« – wie den Klimaschutz – zu fördern, ohne die Hauptverursacher der globalen Umwelt- und Klimazerstörung – die Industrieländer – mit ihren Programmen zu adressieren. Oder dass der IWF die »globale Finanzstabilität« retten soll, obwohl er auf die Wirtschafts- und Finanzpolitik der Industrieländer schon seit den 1970er Jahren keinen Einfluss mehr hat?

Deshalb sollte nicht vorschnell der Schluss gezogen werden, dass IWF und Weltbank unwichtig oder machtlos geworden sind. In vielen Entwicklungsländern, nicht nur in Afrika, spielen die Bretton-Woods-Organisationen weiterhin den mächtigen neoliberalen wirtschafts- und gesellschaftspolitischen Zuchtmeister, auch wenn er jetzt öfters in einem »sanften Gewand« daherkommt. Mit ihrem »soft power« üben sie zudem enormen Einfluss auf die internationale Agenda aus. Aufgrund ihrer erheblichen Analysekapazität haben sie sogar auch in Südamerika noch deutlichen Einfluss auf die Debatten über wirtschaftliche und soziale Politik. Die Signalgeberrolle des IWF ist für die internationalen Finanzmärkte bei der Beurteilung der Verlässlichkeit der ökonomischen Entwicklung z.B. in Südamerika noch relevant. Im Laufe ihrer mehr als sechzigjährigen Geschichte ist ihnen die Anpassung an veränderte weltpolitische und -wirtschaftliche Rahmenbedingungen zudem zu einer Art »zweiten Haut« geworden.

3. Multilaterale Liberalisierung in der Krise – wohin steuert die WTO?

Protest und Propaganda

Seit 14 Jahren, seit dem im April 1994 die WTO-Abkommen unterzeichnet wurden, tritt die Weiterentwicklung des WTO-Systems auf der Stelle. Es konnten weder die Weiterverhandlung bestehender Verträge abgeschlossen noch neue Abkommen in das System aufgenommen werden. Dem Interesse ihrer Architekten entspricht dies ganz und gar nicht. Ebenso wenig wie die politische Delegitimation des WTO-Systems durch soziale Bewegungen: Durch die Demonstrationen und Straßenblockaden gegen die Ministerkonferenz der WTO 1999 in Seattle schafften es soziale Bewegungen, Gewerkschaften und Nichtregierungsorganisationen, diese Organisation in das Schlaglicht der Weltöffentlichkeit zu rücken. Zwar gab es auch während der Uruguay-Runde in Brüssel und insbesondere in Indien, wo hunderttausend Bauern gegen die Liberalisierung der Agrarmärkte protestierten, Demonstrationen gegen neoliberale Handelspolitik. Und ebenso prägten Demonstrationen 1998 in Genf während der zweiten WTO-Ministerkonferenz das Bild, als das fünfzigjährige Jubiläum der GATT-Handelsverträge feierlich begangen werden sollte. Jedoch erst die Proteste 1999 in Seattle wurden von der Weltpresse als breiter Widerstand gegen die WTO als »Rammbock« der Globalisierung wahrgenommen und beschrieben. Die Nachricht, dass die Eröffnungszeremonie nicht wie geplant stattfinden konnte, ging um die Welt. Die Demonstrationen und Blockaden in den Straßen von Seattle lieferten die Verdichtung der Kritik am Neoliberalismus und seiner Freihandelsdoktrin und gelten als die Geburtsstunde der globalisierungskritischen Bewegung. Als Konflikte zwischen Nord und Süd und zwischen der EU und den USA die Konferenz schließlich platzen ließen, endete das Treffen mit einer Legitimationskrise der Organisation, die sie seitdem nicht abschütteln konnte.

Anstatt in Seattle wie geplant, die bestehenden Abkommen erweitern und neue hinzufügen zu können, sahen sich die WTO-Verhandler gezwungen, verlorenes Terrain wieder zu besetzen. Dies gelang ihnen erst im November 2001 auf der Ministerkonferenz in Doha. Unter dem Eindruck der Anschläge vom 11. September 2001 konnten die USA und die EU den Start einer neuen Runde durchsetzen. »Either you are with us, or against us!« lautete die Propaganda, mit der US-Diplomaten Delegationen aus Entwicklungsländern unter Druck setzten.

Ursprünglich sollte nach dem verspäteten Start diese nach der Hauptstadt des Emirats Katar, Doha, benannte Verhandlungsrunde der WTO am 1. Januar 2005 beendet sein. Der Verhandlungsabbruch bei der Ministerkonferenz im mexikanischen Cancún (2003), der durch die unnachgiebige Haltung der USA und der EU provoziert wurde, machte diesen Zeitplan jedoch zunichte.

Neue Koalitionsbildung der Schwellenländer – G20

Ebenso bedeutsam wie der erneute Verhandlungsabbruch 2003 war die Gründung einer neuen Schwellenländerkoalition. Konzipiert wurde die Gruppe vom brasilianischen Außenministerium kurz vor der WTO-Ministerkonferenz in Cancún. Die G20 – nicht zu verwechseln mit der Staatengruppe »G20«, die die Notenbankgouverneure und Finanzminister der reichsten Industrieländer und der wichtigsten Schwellenländer im Kontext internationaler Finanzmarktfragen umfasst – besteht aus etwa 20 Schwellen- und größeren Entwicklungsländern, Hauptakteure sind Brasilien, Indien, China und Südafrika und stellen etwa 60% der Weltbevölkerung und 70% aller BäuerInnen. Fokus der Gruppe sind die Agrarverhandlungen, bei denen sie auf ein Ende der Subventionen in den Industrieländern und Absenkung der Zölle drängen. Eine weitgehende Marktöffnung im Süden wird dagegen abgelehnt. Mit der Gründung dieses Blocks wurde endgültig klar, dass die laufende WTO-Runde anderen Kräften ausgesetzt sein würde, als die von den Industrieländern dominierte Uruguay-Runde. Der brasilianische Botschafter Clodualdo

Huguenuy drückte dies Anfang 2004 bei einer Diskussion beim Weltsozialforum in Mumbai so aus: »Die G20 hat das Monopol der EU und der USA über die Handelsverhandlungen gebrochen.« Zwar griff Washington zunächst die G20 frontal an, indem es einige lateinamerikanische Gründungsmitglieder wie El Salvador, Kolumbien, Peru und Costa Rica unter starkem diplomatischem Druck innerhalb weniger Wochen aus dieser Gruppe herauslöste. Die Gruppe als solche hatte jedoch Bestand und konnte sich trotz der Austritte durch Beitritte weiterer Länder stabilisieren. Mögliche Hoffnungen, dass mit ihr eine andere Globalisierung als die neo-liberal-freihändlerische möglich sei, verflogen schnell. Denn im Juli 2004 wurden bei einem Treffen des Allgemeinen Rates der WTO in Genf mit dem so genannten Juli-Paket die Verhandlungen wieder angeschoben. Geschickt hatten die EU und die USA den neuen Machtblock in die Steuerung der Verhandlungen mit einbezogen. Von da an sollte die neue »Quad«, d.h. eine Koordinierung von EU, USA, Brasilien und Indien die Welthandelsgespräche wesentlich prägen. Walden Bello, der Direktor der NRO Focus on the Global South, kommentierte dies als Verrat an den Interessen der Armen. Denn die G20 sind nicht angetreten, um der Freihandelsdoktrin etwas entgegenzusetzen, sondern sie für ihre jeweils nationale Handelsstrategie zu nutzen. Der freihändlerische Block wird einerseits multipolarer, gleichzeitig jedoch stößt das bisher hegemoniale Freihandelsprojekt des Nordens auf Widerstand.

Stopp and Go

Nach dem Willen der dominierenden Akteure in der WTO und des WTO-Sekretariats sollte eine substanzielle Verschärfung der Liberalisierungsverpflichtungen endlich während der WTO-Ministerkonferenz Hongkong im Dezember 2005 erzielt werden. Bereits im Vorfeld der Ministerkonferenz hatten die EU, die USA und das WTO-Sekretariat ihre Erwartungen hinsichtlich eines »ambitionierten Ergebnisses« abgesenkt, um ein erneutes Scheitern einer Ministerkonferenz zu verhindern. Damit haben die dominierenden Akteure in der WTO ihr für Hongkong selbst gestecktes Ziel erreicht, nämlich: die Organisation vor einem Abbruch der Verhandlungen und vor ihrem möglichen Ende als Verhandlungsforum zu bewahren. Denn nach dem plötzlichen Ende der Gespräche in Cancún sahen viele die WTO als kurz vor dem Exitus stehend. Immerhin konnten mit der Ministererklärung von Hongkong in zentralen Verhandlungsbereichen Pflöcke für einen weiteren Liberalisierungsschub eingerammt werden.

Beim G8-Gipfel in St. Petersburg Mitte Juli 2006 wurde dann der 16. August 2006 als Frist zur Aushandlung der wesentlichen Grundzüge einer Einigung über strittige Verhandlungspunkte proklamiert. In der Gipfeldeklaration wünschten sich die Staatschefs der G8 einvernehmlich einen baldigen Verhandlungsabschluss der Doha-Runde herbei. Am Folgetag des Gipfels fand sogar ein Treffen der G8-Staaten mit Vertretern der G20 statt. Auch dort beschworen die »Chefs« öffentlich schnelle Resultate bei den Verhandlungen – währenddessen lief die Verhandlungsmaschine jedoch in eine ganz andere Richtung. Nur eine Woche nach dem Gipfel kam es zu einem Kollaps der Gespräche. Ausgelöst wurde dieser durch die Weigerung der US-Handelsbeauftragten Susan Schwab bei einem informellen Treffen der G6 (EU, USA, Japan, Australien, Indien und Brasilien), weitere Absenkungen der US-amerikanischen Agrarsubventionen zu zugestehen.

Trotz Krise: Weichenstellung für mehr Freihandel

Der Verhandlungsprozess der Doha-Runde steckt in der Krise. Ein Ende dieser Marktöffnungsrunde ist nicht abzusehen. Trotzdem ist die Weichenstellung hin zu massiven Verschärfungen der Liberalisierungsregeln in den Bereichen Agrarprodukte, Dienstleistungen und Handel mit Industriegütern ein zentrales Ergebnis der de facto neun Jahre andauernden Gespräche. Allerdings ist – ablesbar an der wachsenden Macht der Regierungen Indiens und Brasiliens bei den Gesprächen – die WTO keine Organisation mehr, in der die Triade EU, Japan und USA ihre Projekte reibungslos durchsetzen kann. Wichtige Vorhaben sind gescheitert:

Eine thematische Erweiterung der WTO um neue Abkommen in der Doha-Runde – so wie es in der Uruguay-Runde gelang, neben den Industriezöllen (GATT) als neue Bereiche Dienstleistungen, Landwirtschaft und Patente und andere Rechte des geistigen Eigentums zu verankern – ließ sich nicht realisieren. Mit dem Scheitern der Ministerkonferenz von Cancún 2003 verschwanden so drei der vier so genannten neuen Themen – Investitionen, Öffentliches Beschaffungswesen und Wettbewerb – als eigenständige Verhandlungsbereiche von der WTO-Agenda – zumindest bis zum heutigen Zeitpunkt. Seitdem bestimmen die EU, die USA, Brasilien und Indien das Verhandlungsgeschehen – in einigen Fällen erweitert um Japan und Australien (G6). Auf der Ebene der Verhandlungen ist der Grund des Scheiterns der Runde in dem aggressiven Kurs der Industrieländer zu suchen, die immer mehr von den Entwicklungsländern fordern, ohne selbst Konzessionen machen zu wollen. In allen Bereichen verlangen sie drastische Verschärfungen der Liberalisierungsregeln: bei Landwirtschaft, Industriegütern und Dienstleistungen. Im Gegenzug sind sie nicht bereit, ihre Märkte für die exportinteressierten Industrien aus Ländern des Südens zu öffnen: insbesondere für das brasilianische Agrobusiness oder die boomende indische Dienstleistungsbranche. Staaten wie Deutschland fordern von Indien und anderen Entwicklungsländern eine Liberalisierung z.B. im Bereich der Industriegüter, die ein Land wie Deutschland während seiner eigenen Industrialisierung entschieden abgelehnt hätte.

Die Abbrüche der WTO-Verhandlungen im Sommer 2006 in Genf und erneut im Sommer 2007 sind im Kontext der veränderten weltwirtschaftlichen Kräfteverhältnissen zu sehen. Für die Regierungen des Nordens ist es wesentlich schwieriger zu bekommen, was sie wollen: Ihre bisherige Hegemonie bröckelt.

Eine neue Geografie von Produktion und Handel

Mit der Herausbildung der »neuen Quad« ist allerdings weder verknüpft, dass Entwicklungsinteressen im Allgemeinen mehr Berücksichtigung finden, noch dass eine »Demokratisierung«

der WTO stattgefunden hätte. Aufgrund veränderter wirtschaftlicher Kräfteverhältnisse gibt es lediglich eine, wenn auch folgenreiche Veränderung der Akteurskonstellation in der WTO: Einige Schwellenländer spielen eine größere Rolle und vertreten dort offensiv ihre Exportinteressen. Diese »neue« Rolle ist auch das Ergebnis der neoliberalen Transformation dieser Staaten – im Interesse des weltmarktorientierten Kapitals.

Mit den heftigen Liberalisierungsschüben rund um den Globus seit Anfang der 1990er Jahre veränderte sich die Landkarte der transnational vernetzen Produktionsstätten. Das Ergebnis ist eine neue Geografie von Produktion, Handel und Dienstleistungen. Sichtbares Zeichen dafür sind der ökonomische und politische Aufstieg der großen Schwellenländer wie Brasilien, China und Indien.

Die chinesische Wirtschaft hatte in den vergangenen Jahren Wachstumsraten von bis zu 11%, Indien immerhin von 6%. Während der Anteil Asiens am Weltsozialprodukt in den kommenden Jahren weiter steigen wird, gibt es Prognosen, die ein Sinken des Anteils des Nordens am Weltsozialprodukt bei einem Weltbevölkerungsanteil von 13% von heute 45 auf 30% im Jahr 2025 vorhersagen.

Die heute noch überragende Bedeutung der Märkte des Nordens für die Unternehmen aus Entwicklungs- und Schwellenländern wird sich daher tendenziell zugunsten Asiens verschieben. Ein wichtiger Grund dafür ist auch das zum Jahresende 2006 auf 763,6 Mrd. US-$ angestiegene Handelsdefizit der USA. Dieses Defizit ist Ausdruck der zentralen »Wachstumsmaschine« der Weltwirtschaft in den vergangenen Jahren: Während in den USA konsumiert und in Asien, insbesondere in China produziert wird, werden die asiatischen Exportgewinne wieder in US-amerikanischen Finanzprodukten angelegt. Mittelfristig wird sich dieses System allerdings nicht reibungsfrei aufrechterhalten lassen; der Dollar verliert an Wert wie Anfang 2008 zu sehen war. Der Wert der Importe der USA wird, wenn er in Nicht-Dollar-Währungen gemessen wird, daher fallen. In vorsichtigen Szenarien der nächsten Jahren wird der US-Markt für ausländische Waren und Dienstleistungen im nächsten Jahrzehnt kontinuierlich schrumpfen. Wenn folglich Entwicklungsländer in den kommenden Jahren ihre Exporte in die USA steigern wollen, können sie nicht mit einem dynamisch wachsenden Markt rechnen, wie es von den 1990er Jahren bis in die Gegenwart der Fall war. Sie müssen sich einen Verdrängungswettbewerb insbesondere mit Mexiko und China liefern. Der bisher so attraktive US-Markt, mit dem die Verhandlungsführer der US-Regierung als wesentliches Verhandlungspfand Zugeständnisse von Entwicklungsländern abringen konnten, könnte sich als weit weniger lukrativ erweisen, als eine einfache Verlängerung der Wachstumstrends der letzten Jahre vermuten ließe.

Die neue bilaterale Offensive der EU: Global Europe

Am 4. Oktober 2006 verkündete Handelskommissar Mandelson die neue EU-Handelsstrategie, welche zum Ziel hat, die »Handelspolitik in die Wettbewerbsfähigkeits- und ökonomische Reform-Agenda zu integrieren«. Die neue Strategie mit dem Titel »Global Europe« umfasst auch bilaterale Freihandelsverträge mit mehreren Staaten und Staatengruppen. Noch am Tag des Aussetzens der WTO-Verhandlung in Genf am 24. Juli 2006 hatte z.B. die NRO Oxfam vor einer nun einsetzenden Schwemme bilateraler Handelsverträge gewarnt: »Wir befürchten, dass das multilaterale System noch mehr in die Krise gerät«. Dem liegt die Annahme zu Grunde, dass multilaterale Vereinbarungen, d.h. die WTO-Verträge, grundsätzlich »positiver« seien als bilaterale. Tatsächlich verfolgen Regierungen mit beiden Strategien dasselbe Ziel: Eine Verschärfung der Handelsliberalisierung auf allen Ebenen im Interesse der transnationalen Unternehmen. Die EU treibt seit Jahren eine handelspolitische Mehrebenen-Strategie voran: Der Begriff *Multi-Bi* steht für Fortsetzung der *multi*lateralen WTO-Verhandlungen bei gleichzeitiger Fokussierung auf *bi*laterale Verhandlungen. Auf bilateraler und regionaler Ebene liefen und laufen Verhandlungen mit Südafrika, Chile, Mexiko, den Mercosur-Staaten, den ASEAN-Ländern sowie mit Indien, China und Südkorea. Zu nennen sind ferner die ökonomischen

Partnerschaftsabkommen (Economic Partnership Agreements, EPAs) mit den AKP-Staaten, den Ländern Afrikas, der Karibik und des Pazifiks. In seinem Kommentar zum Kollaps der WTO-Gespräche in Genf im Juni 2006 bekräftigte der Hauptgeschäftsführer des Bundesverbandes der Deutschen Industrie (BDI) Ludolf von Wartenberg, was bereits seit längerem in Brüssel an Konzepten ventiliert wurde: »Die EU ist gefordert, nach vorne zu schauen und ihre handelspolitische Strategie der Realität anzupassen. Naturgemäß müssen bilaterale und regionale Handelsabkommen jetzt eine zentrale Rolle bekommen. Besonderes Augenmerk sollte die EU den stark wachsenden asiatischen Ländern widmen«. Bilaterale Verträge sind kein neues Phänomen – sie dienen schon seit geraumer Zeit dazu, den alten »multilateralen Wein« (z.B. die so genannten »neuen« bzw. Singapur-Themen Investitionen, Wettbewerb, öffentliches Beschaffungswesen und Handelserleichterung, die auf der WTO-Konferenz in Singapur 1996 als neue Verhandlungsthemen benannt wurden) in »neuen Schläuchen« zu servieren.

Eine Mehrebenen-Politik verfolgt die EU-Kommission aber auch in anderer Hinsicht: Bei der künftigen EU-internen Gesetzgebung und Regulierung soll nicht nur das europäische, sondern auch das internationale Business zu Wort kommen. Die Kommission sieht sich auch als Transmissionsriemen der Interessen transnationalen Kapitals, insbesondere aus den USA. Gewerkschaften, soziale Bewegungen und NRO werden dagegen nicht konsultiert. Ob die neue EU-Konzernagenda allerdings in der Form umgesetzt werden kann wie geplant, hängt auch von den Reaktionen dieser Akteure ab: Die EPA-Verhandlungen und die Verhandlungen mit den Mercosur-Staaten wurden durch die Proteste sozialer Bewegungen stark beeinflusst.

Die Multi-Bi-Strategie wird auch von den USA verfolgt, und auch Schwellenländer haben vermehrt eine offensive bilaterale Freihandelsstrategie: allen voran Indien und China. Auch wenn die WTO in der Krise steckt und Freihandelspolitik in vielen Ländern einen schweren Stand hat – die politische Doktrin, mittels Liberalisierung die Handlungsspielräume von transnationalen Konzernen auszuweiten, ist weiter aktuell.

Unbeeindruckt vom Verhandlungsdebakel: Das Streitschlichtungsverfahren der WTO

Während die WTO-Verhandlungen stocken, sind die bisherigen WTO-Abkommen weiterhin gültig. Um deren Einhaltung durchzusetzen, verfügt die WTO über ein zweistufiges Streitschlichtungsverfahren. Dieses Streitschlichtungsverfahren ist ein zentrales »Element zur Schaffung von Sicherheit und Vorhersehbarkeit im multilateralen Handelssystem«. Es gilt als eine Errungenschaft des Multilateralismus, die ermöglicht, dass eine neutrale überstaatliche Instanz Staaten in ihre Schranken verweisen kann. Gerade dieses »In-die-Schranken-Verweisen« ist mehr als bedenklich. Denn dieses Verfahren hat den Zweck, Ländern soziale, gesundheitliche, umweltpolitische Maßnahmen zu untersagen, wenn diese den freien Handel von Waren und Dienstleistungen beeinträchtigen oder den grenzüberschreitenden Schutz geistiger Monopolrechte verletzen: WTO-Recht bricht nationale Gesetze, auch wenn diese von den jeweiligen Ländern zum Schutz der Gesundheit, der Umwelt oder der Verbraucher erlassen wurden. Das Streitschlichtungsverfahren ist das Brecheisen dazu. Zudem ist das Verfahren ganz auf die Interessen der Industrienationen und ihrer Konzerne zugeschnitten, und damit gegen die Interessen der Entwicklungsländer gerichtet, denn es dient dazu, ungerechte und unausgewogene Handelsabkommen durchzusetzen.

Diesen Sachverhalt zeigt eine 2005 vom Forum Umwelt und Entwicklung vorgelegte Studie auf. Sie betrachtet das Streitschlichtungsverfahren und dessen Reform aus der Sicht der Entwicklungsländer als auch unter umweltpolitischem Blickwinkel (Schmitz 2005). Das Ergebnis ist eindeutig: Die bestehende Schieflage, des WTO-Regimes im Allgemeinen und des Streitschlichtungsverfahrens im Besonderen, sorgt dafür, dass die Rechte der Schwachen schwach bleiben und die Rechte der Starken gestärkt werden. Die Schwachen sind in der Regel die Entwicklungsländer bzw. Regulierungen zum Schutz der Umwelt. Ausnahmen, d.h. einige wenige Entwicklungsländer- bzw. Umweltinteressen unterstützende Streitfallurteile, bestätigen die Regel. Problematisch ist jedoch nicht nur die Existenz von diesem unausgewogenen Streitschlichtungsverfahren, sondern auch das Drohen mit einem Streitfall. Diese »Chill-Effekt« genannte Möglichkeit wird häufig eingesetzt, um ein WTO-Mitglied dazu zu bringen, eine geplante und den Handel beeinträchtigende Maßnahme erst gar nicht oder nur in deutlich abgeschwächter Form zu treffen.

Der Anteil von Entwicklungsländern an den Streitfällen hat in den letzen Jahren zugenommen. Wenngleich einige Entwicklungsländer in den letzten Jahren wichtige Streitfälle gewonnen haben, so nutzte ihnen dies bisher wenig, da es die Industrieländer verstehen, die Umsetzung von Urteilen herauszuzögern, sodass neue Streitfälle notwendig sind. Diese Erfahrungen machten u.a. die lateinamerikanischen Bananen exportierenden Länder in dem 1996 gestarteten und bis heute nicht restlos geklärten Bananen-Streitfall mit der EU, Brasilien im Streitfall gegen die Ausfuhrunterstützungsmaßnahmen der USA für Baumwolle und der karibische Inselstaat Antigua und Barbuda, der einen Streitfall um Glücksspiele im Internet gegen die USA gewann.

WTO – wie geht es weiter?

Seit der Ministerkonferenz von Hongkong im Dezember 2005 ist die WTO de facto abgetaucht. Es gibt kaum hochrangige Treffen, bei denen deutliche Positionsverschiebungen sichtbar werden. Statutengemäß muss eigentlich mindestens alle zwei Jahre eine WTO-Ministerkonferenz stattfinden; eine Ministerkonferenz wurde für das Jahr 2007 allerdings gar nicht erst angesetzt. Und auch für 2008 ist keine in Sicht. Dennoch sind die Verhandlungen nicht gestoppt: Schritt für Schritt werden von den Handelsdiplomaten die Verhandlungspapiere verfeinert und damit die Weichen für mehr Liberalisierung gestellt.

Zurzeit zeichnen sich drei Szenarien für die Gespräche ab. Entweder bleiben die Widersprüche der Mitgliedsstaaten so groß, dass zwar weiter verhandelt wird, der Prozess aber irgendwann nach 2009 endgültig kollabiert. Zu den Widersprüchen gehört insbesondere der politische Druck gegen Liberalisierungspolitik durch breite Bevölkerungsschichten wie in Indien durch die Landbevölkerung oder die Befürchtung von Schwellenländern wie Südafrika oder Brasilien, im Wettbewerb um Industriegütermärkte gegenüber China weiter an Boden zu verlieren. Ohne dass ein weit reichender Abschluss zu erwarten ist, könnte auch das Interesse der Industrieländer an der Doha-Runde verloren gehen. Zudem könnten die Spannungen und Unsicherheiten im Weltwirtschaftssystem aufgrund der aktuellen Krise der Finanzmärkte weiter zunehmen. Die Freihandelsdoktrin könnte weiter an Legitimität einbüßen, insbesondere in den USA, deren Position in der globalen Ökonomie durch die Sub-Prime-Krise zugunsten der Süd-Ost-Asiens geschwächt wird.

Im zweiten Szenario würden die Verhandlungen im Laufe des Jahres 2009 abgeschlossen, wenn der oder die neue US-PräsidentIn im Amt ist und im »besten« Falle vom Kongress eine Sondervollmacht für Handelsabkommen bekommen hat und dadurch dem US-Kongress das gesamte Verhandlungspaket zur Abstimmung vorgelegt werden kann. Ein solches Zugeständnis des Kongresses müsste allerdings gegen eine zunehmend freihandelskritische Öffentlichkeit und ebenso zunehmend kritische Stimmen in den beiden Häusern des US-Parlaments durchgesetzt werden. Die Auseinandersetzungen um die Agrarsubventionen könnten bis dahin weniger virulent sein, weil höhere Weltmarktpreise für Agrarprodukte das Subventionsniveau absinken lässt. Zusätzlich könnte die Dynamik bilateraler Handelsabkommen aber auch unilateraler Liberalisierungsschritte schon derart fortgeschritten sein, dass die Marktöffnungsziele der Doha-Runde ihre Bedrohlichkeit für viele Mitgliedsstaaten verloren haben.

Im dritten und am wenigsten wahrscheinlichsten Szenario kommt es noch im Jahr 2008 und unter der Amtszeit von G.W. Bush zu einem Abschluss der Runde – allerdings mit starken Abstrichen von dem, was die EU-Kommission und die US-Regierung gemeinsam mit den Lobbyisten der transnationalen Konzerne einst geplant hatten. Die Hegemoniekrise des Nordens, die ihren Ausdruck auch in den stockenden WTO-Verhandlungen findet, ist daher eine Chance für soziale Bewegungen, weltweit alternative Konzepte auf die Tagesordnung zu heben.

4. Das Klima retten mit WTO und Weltbank?

Die Klimadebatte als Rettungsanker für die WTO?

Einmal im Jahr öffnet die WTO für zwei bis drei Tage ihre sonst der Öffentlichkeit verschlossenen Türen und gibt zumindest der Fachöffentlichkeit die Gelegenheit, mit Vertretern des WTO-Sekretariats und WTO-Delegationen über Handelsthemen zu diskutieren. Im Jahre 2001 wurde diese PR-Übung, die heute »Public Forum« heißt, begonnen. Als der Termin für das Forum 2007 bekannt wurde, fragten sich viele, worüber – wenn nicht über den Stillstand der globalen Handelsrunde – kann denn auf dem Forum debattiert werden? Im Jahre 2007, in dem der Kampf gegen den Klimawandel Nobelpreise gewann und die Medien dominierte, setzte auch die WTO auf die Klimakarte. Das Thema Klima(wandel) war mit fünf Veranstaltungen genau so prominent vertreten wie das alte und ewige Konfliktthema der WTO, die Landwirtschaft. Und in der Tat: Klimawandel wurde von vielen als das zentrale Thema des Forums gesehen.

In diesen fünf Veranstaltungen wurde versucht zu klären, welche Rolle die WTO zu den Themen Energie, Klimawandel und Klimaschutzmaßnahmen bisher hat, zukünftig haben könnte bzw. aus Sicht der NRO keineswegs haben sollte. Dabei schlugen einige ernsthaft die WTO als den Ort für zukünftige Klimaverhandlungen vor, falls das Kyoto-Protokoll, der einzige globale, verbindliche Vertrag zur Senkung klimaschädlicher Emissionen scheitern würde. Immerhin sei die WTO multilateral (also eine Organisation, in der viele Staaten Mitglied sind) und hätte Erfahrungen mit schwierigen Verhandlungen. Die Ägypterin Dr. Doaa Abdel Motaal, im Büro des WTO-Generaldirektors Pascal Lamy für Umweltschutz zuständig, skizzierte eine Entwicklung, in der der WTO die finale Richterrolle über Klimaschutzmaßnahmen zukommen würde. Unabhängig davon, ob die WTO dies wolle oder nicht, hätte sie zu entscheiden, welche Maßnahmen zur

Abmilderung des Klimawandels zulässig sind und welche nicht, erklärte Lamys Umweltexpertin (Motaal 2007).

Ist die von Motaal skizzierte Entwicklung wünschenswert? Lässt sie sich verhindern? Um diese Fragen zu klären, ist es nötig, die Konfliktlinien zwischen WTO-Handelsregeln und Klimaschutzmaßnahmen aufzuzeigen und dabei zunächst zwei grundlegende Erkenntnisse nicht aus den Augen zu verlieren:

I. Die Rolle der WTO bei den Themen Klima und Energie unterscheidet sich nicht von der Doppelrolle, den sie in anderen Güter- und Dienstleistungsbereichen wie bei den Rechten an geistigem Eigentum hat. Zum einem forciert die WTO eine Liberalisierung der Märkte, sprich den Abbau oder gegebenenfalls die Abschaffung von Handelshemmnissen wie Zölle oder Einfuhrverbote für Güter und Dienstleistungen im Energie- und Umweltbereich. Zum anderen droht sie, Maßnahmen zum Umwelt- und Klimaschutz von WTO-Mitgliedern, die einen hemmenden Einfluss auf den Handel haben können, zu untersagen oder mit dem Verweis auf das WTO-Streitfallverfahren bzw. die Androhung eines Streitfalles abzuschwächen (s. Kapitel 3).

II. Innerhalb der WTO kommen Entwicklungsfragen und die Interessen der Entwicklungsländer zu kurz. Außerdem ist der Klimawandel ein hauptsächlich von den Industrieländern zu verantwortendes Problem. Über 80% der klimaschädlichen Emissionen, die sich heute in der Erdatmosphäre befinden, sind von den G8-Staaten in die Luft geblasen worden. Entwicklungsländer brauchen Unterstützung und Hilfe, wenn durch ihr wirtschaftliches Wachstum der Klimakollaps nicht weiter vorangetrieben werden soll. Zudem tragen sie die Lasten unseres Lebensstils: Ein Bewohner eines Entwicklungslandes muss doppelt so viel an Schaden tragen, wie er selbst verursacht hat – dies obwohl ein durchschnittlicher Bewohner eines Industriestaats 5,7 mal mehr CO_2 ausstößt. Ebenso extrem ist das Ungleichgewicht bei den die Ozonschicht zerstörenden Substanzen: Wir im Norden sind für 70% der Emissionen verantwortlich und bürden den Rest der Welt die Last auf, 59% der Schäden zu tragen (Srinivasan et al. 2008). Die WTO weist aber regelmäßig darauf hin, dass sie keine Entwicklungshilfeorganisation ist. Sie ist also weder willig noch in der Lage, die Entwicklungsländer effektiv beim Beschreiten eines alternativen, klimafreundlichen Entwicklungspfades zu unterstützen. Ihre Entscheidungen nützen in der Regel nur den Interessen westlicher Konzerne.

Handel, Energie und Klima – wie alles zusammenhängt

Die nachfolgenden Beispiele skizzieren die Zusammenhänge zwischen Energie, Klima, Umweltschutz und den Handelsregeln und zeigen auf, wo die WTO eine Bedrohung für Klimaschutzmaßnahmen ist. Sie decken den Widerspruch zwischen der klimafreundlichen Rhetorik der WTO und der Realität auf.

Wirtschaftswachstum: Die WTO folgt der Logik: Wirtschaftswachstum ist gut, es fördert den Handel, mehr Handel hat Wohlfahrtswirkungen für alle Menschen. Doch wir alle wissen: Wirtschaftswachstum hat historisch bisher immer zu höherem CO_2-Ausstoß geführt, vor allem aufgrund eines höheren Energieverbrauchs. Es gibt bisher kein Land, dass es wirklich geschafft hat, Wirtschaftswachstum und wachsenden Energieverbrauch systematisch zu entkoppeln. Die Welt ist weit davon entfernt, mehr Wirtschaftsleistung mit sinkendem Rohstoffverbrauch zu schaffen. So lange dies so ist, wird Wirtschaftswachstum mit negativen Auswirkungen für Klima und Umwelt eng verknüpft bleiben. In dem Maße, in dem Handelsliberalisierung zu Wachstum beiträgt, ist Liberalisierung unvereinbar mit Klimaschutz.

Verkehr: Grenzüberschreitender Handel mit Güter- und Dienstleistungen (wie zum Beispiel Tourismus) ist ohne Transport nicht leistbar. Ein Drittel des globalen Energieverbrauchs entsteht durch den globalen Handel, durch das Bewegen von Gütern und Waren. Dabei besteht ebenfalls ein Drittel des globalen Austausches von Waren aus dem Handel »vergleichbarer« Produkte: Schottische Butterkekse werden nach Deutschland geflogen und deutsche Weihnachtskekse nach Schottland. Mehr Handel heißt immer auch mehr Verkehr. Mehr Kleinlaster und Trucks, die nicht nur unsere Städte und Straßen verstopfen, mehr Flugzeuge, die mehr CO_2 auspusten als jedes andere Verkehrsmittel, mehr Containerschiffe, die Tier- und Pflanzenarten von einem Ökosystem in ein anderes *verschleppen* – mit häufig dramatischen, negativen Folgen –, sondern die auch das Klima belasten und in den Hafenstädten für feinstaubbedingte Gesundheitsgefährdungen und Todesfälle verantwortlich gemacht werden.

Produktionsverlagerung: Gerade in Zeiten intensiver Globalisierung mehren sich die Beispiele, bei denen es zu einer Verlagerung der Produktion kommt, um schneller und vor allem billiger die Nachfrage bedienen zu können. Wenn die Produktion in Länder verlagert wird, wo die Produktion mehr Energie benötigt und/oder die Energie pro Kilowattstunde weniger effizient produziert wird, dann ist dies auch aus der Klimaperspektive negativ. Der freie Markt allein – also das Endziel der WTO – ist unfähig, ökologische Folgekosten zu beachten. Eine weitere Handelsliberalisierung wird also eine Verlagerung der Produktion in energieineffiziente Produktionsstandorte begünstigen.

Marktöffnungen für Umweltgüter und Umweltdienstleistungen

Die so genannten Umweltgüter und Umweltdienstleistungen sind die Trumpfkarte, die die WTO regelmäßig zieht, wenn sie ihre Relevanz, ja Unverzichtbarkeit in Zeiten des Klimawandels unter Beweis stellen will. So sagte der WTO-Chef Pascal Lamy bei einem Treffen der Handelsminister am Rande der globalen Klimaverhandlungen auf Bali im Dezember 2007, dass die Liberalisierung von Umweltgütern und -dienstleistungen vielen Ländern einen »doppelten Sieg« bescheren kann – einen Sieg für die Umwelt und einen Sieg für den Handel. Er pries das Handwerkszeug der WTO – insbesondere Zollsenkungen – als nützlich für den Kampf gegen den Klimawandel. Bush blies in seiner letzten »State of the Union«-Rede im Januar 2008 in dasselbe Horn: Nur durch eine Liberalisierung der Umweltgüter sei das Klima zu retten.

Auf den ersten Blick mag die Verbesserung des Marktzugangs für Umweltgüter und -dienstleistungen in der Tat als ein Bereich erscheinen, bei dem aus Umweltsicht die Liberalisierung begrüßt werden müsste. Schließlich wollen Umweltschützer, dass zum Beispiel mehr Windräder möglichst leicht überall auf der Welt gebaut werden können. Doch ein intensiverer Blick auf die WTO-Verhandlungen in diesem Bereich lehrt einen rasch des Besseren – nicht nur weil das ökonomische Ziel, nämlich das Wachstum der Märkte, immer deutlicher als das Umweltziel im Mittelpunkt der Verhandlungen steht. Bedenklich ist auch, dass bis heute nicht klar ist, was eigentlich ein Umweltgut ist, sodass ein verbesserter Marktzugang für Umweltgüter auch die globale Verbreitung von Müllverbrennungsanlagen oder die Entsorgung von Elektronikschrott begünstigen könnten. Vielen Produkten, z.B. Turbinen, sieht man außerdem an der Grenze nicht an, wofür sie verwendet werden sollen, ob für ein Wasser- oder ein Atomkraftwerk. Bei den WTO-Verhandlungen steckt der Teufel also im Detail. Kein Wunder, dass sie seit Jahren nicht vorankommen. Es ist verwunderlich, dass es ausgerechnet diese stockenden Verhandlungen sind, anhand derer die WTO unter Beweis stellen will, dass sie die richtige Adresse im Kampf gegen den Klimawandel ist.

Das Aussetzen von Patenten: eine Möglichkeit, die Verbreitung Erneuerbarer Energien zu fördern?

Der Patentschutz ermöglicht dem Patentinhaber, nicht nur allein über die Verwertung seines geschützten Produktes bzw. seiner Technologie, sondern auch über den Preis zu bestimmen. In der Regel geht mit dem Ablauf des meistens rund zwei Jahrzehnte dauernden Patentschutzes auch ein Preisverfall einher. In Ländern, in denen knappe finanzielle Mittel den Zugang zu Produkten und Technologien wie lebenswichtige Arzneimittel oder Windräder und Sonnenkollektoren begrenzen, können Patente die Gesundheit- oder auch Energieversorgung bremsen. Das für Patente zuständige TRIPS-Abkommen der WTO sieht für lebenswichtige Arzneimittel die Möglichkeit vor, den Patentschutz durch Zwangslizenzen auszusetzen, wenn ein Land anders nicht in der Lage ist, die notwendige Gesundheitsfürsorge sicherzustellen. Dieses im TRIPS-Abkommen vorgesehene Recht konnte nach immensen Auseinandersetzungen und aufgrund massiven Drucks der Entwicklungsländer und NRO im Jahr 2001 bekräftigt werden, allerdings wurden für die Nutzung dieses Rechts so viele Hürden aufgestellt, dass inzwischen ernsthafte Zweifel bestehen, ob die Zwangslizenz-Möglichkeit, d.h. die Erlaubnis, Nachahmerprodukte (Generika) von patentgeschützten Arzneimitteln herzustellen, tatsächlich Menschenleben rettet.

Das Beispiel der Arzneimittel vor Augen fordern inzwischen einige NRO, auch für patentgeschützte Produkte, die bei der Erzeugung regenerativer Energie eine Rolle spielen, über ein Aussetzen das Patentschutzes nachzudenken. Noch sind sich die Experten uneinig, welchen Einfluss die Patente auf die Verbreitung erneuerbarer Energien haben. Wahrscheinlich sind die Auswirkungen unterschiedlich bei verschiedenen Technologien. Sicher ist, dass Länder wie China z.B. einen boomenden Windenergiemarkt haben und von Patenten nicht aufgehalten werden. Aber wie sieht es für kleinere Länder, z.B. für Mosambik, aus? Klar ist: Sollte der Patentschutz tatsächlich den Einsatz von Alternativenergie im Süden limitieren, wäre eine Ausweitung des TRIPS-Abkommens eine theoretische Möglichkeit, die Verbreitung dieser Technologie zu fördern. Ob dies auch eine praktikable Möglichkeit ist, hängt davon ab, wie die Ausweitung des TRIPS-Abkommens konkret ausgestaltet wird und ob Industriestaaten überhaupt dazu bereit sind, sie zu diskutieren. Bundeskanzlerin Angela Merkel zeigt dafür keine Anzeichen. Im Gegenteil: Im Rahmen der deutschen G8-Präsidentschaft hat sie die Durchsetzung von Patentrechten ohne Wenn und Aber zu einem Schwerpunkt deutscher Politik erklärt. Das könnte dem angeblichen Regierungsziel, den internationalen Klimaschutz voranzutreiben, entgegenstehen. Klar ist aber auch: Folgt eine eventuelle Neugestaltung des TRIPS-Abkommens dem komplizierten Verfahren, das im Falle der Arzneimittel gewählt wurde, wird diese Veränderung mit Sicherheit dem Klimaschutz nicht helfen.

Marktöffnungen für Energiedienstleistungen

Das WTO-Dienstleistungsabkommen GATS wird in der laufenden Handelsrunde u.a. mit dem Ziel, die Liberalisierung im Bereich der Energiedienstleistungen zu forcieren, neu verhandelt. Insbesondere die USA und die EU drängen die ölexportierenden Länder dazu, ihre Märkte für ölausbeutende Industrie zu öffnen. Für die USA ist dies ein »breakthrough«-Sektor. Wenn hier ein Durchbruch erzielt wird, ist die USA zu Zugeständnissen im Agrarsektor bereit.

Die Erfahrung mit der Liberalisierung in anderen essenziellen Bereichen der infrastrukturellen Grundversorgung macht keinen Mut, dass eine Liberalisierung von Energiedienstleistungen den Klimaschutz fördern könnte. Im Wassersektor ist die Qualität der Versorgung häufig gesunken; die Preise für die Armen sind oft gestiegen. Bevor der Energiesektor also im Namen des Klimaschutzes weltweit liberalisiert wird, muss deshalb eine vollständige und unabhängige Abschätzung der Auswirkungen durchgeführt werden, sodass negative Effekte auf Entwicklung, Umwelt und Soziales erkannt und behoben werden können.

Schädliche Subventionen

Ein weiterer Bereich, in dem sich die WTO als Klimaschützer zu positionieren versucht, ist der Bereich der Subventionen. Subventionen sind Eingriffe in den freien Markt. Prinzipiell ist die WTO also gegen Subventionen (auch wenn das in der Praxis oft anders aussieht). Im Agrarabkommen der WTO sind die schädlichen Agrarsubventionen der Industrieländer explizit legalisiert. Lediglich für Exportsubventionen und andere Exportstützungsmaßnahmen gab es die bei der WTO-Ministerkonferenz in Hongkong 2005 getroffene – solange die Doha-Runde nicht abgeschlossen ist aber hinfällige – Vereinbarung, sie bis Ende 2013 abzuschaffen. So reflektiert WTO-Recht vor allen Dingen auch die Machtverhältnisse unserer Welt. Es herrschen die einen Regeln für die Reichen und die anderen Regeln für die Armen!

Auf globaler Ebene erhalten Straßenbau und Verkehr und der Energiesektor die meisten Subventionen. Schätzungen gehen von bis zu 1.800 Mrd. US-$ jährlich für Straßenbau und Verkehr bzw. von bis zu 311 Mrd. US-$ für den Energiesektor aus. Der überwiegende Teil dieser Subventionen wird als *perverse subsidies* eingestuft, als schädliche Subventionen, bei denen selbst die wirtschaftlichen, aber vor allem die ökologischen und sozialen Folgekosten größer sind als der Nutzen. Als perverse subsidies gelten bis zu 66% der Subventionen für Transport und bis zu 91% der Energiesubventionen (Greenpeace 2006). Während die Subventionsproblematik von einer Vielzahl von internationalen Organisationen verfolgt wird, verfügt einzig die WTO über ein internationales Subventions*abkommen* und wäre somit in der Lage, schädliche Subventionen zu begrenzen. Doch der Umgang der WTO mit den durch Subventionen hervorgerufenen Problemen etwa in der Landwirtschaft und Fischerei zeigt, Subventionsregeln kommen vor allem den Ländern zu Gute, die in der Lage sind, Subventionen zu zahlen. Die wenigen Regelungen, die Umweltschutzmaßnahmen betrafen, sind ersatzlos weggefallen. Mächtige Länder können sich über die Subventionsregeln hinwegsetzen und Streitfälle ausstehen. Dass schädliche Subventionen abgeschafft gehören, ist klar. Subventionen können aber auch häufig sinnvoll sein – z.B. für die ökologische Landwirtschaft, die auch weniger klimaschädliche Gase produziert als die Industrielandwirtschaft oder den Ausbau von Wind- und Solarenergie. Dies ist die WTO aber nicht bereit zu akzeptieren.

Abgaben auf klimaschädliche Produkte

Seit geraumer Zeit macht die Idee die Runde, man könne Produkte aus Ländern, die sich weigern, zum globalen Klimaschutz beizutragen, mit zusätzlichen Abgaben belegen. Bereits 2001, als Präsident G.W. Bush ankündigte, das Kyoto-Protokoll nicht zu ratifizieren, wurde in der EU laut über einen solchen Vorschlag nachgedacht. 2008 wurde er bei der Vorstellung des energiepolitischen Programms der EU sogar vom deutschen EU-

Industriekommissar Günther Verheugen unterstützt. Er hatte dabei vermutlich mehr die Wettbewerbsfähigkeit der europäischen Industrie als den Klimaschutz im Sinn: Wenn europäische Unternehmen Klimaschutzmaßnahmen tragen müssen, sind sie ja im Nachteil gegenüber Konkurrenten aus Ländern, die dies nicht tun müssen. Im Prinzip ist eine solche »Klimasteuer« – im Fachjargon Grenzausgleichsteuer oder Border Tax Adjustment – eine gute Idee: Sie würde den Marktvorteil derjenigen, die billig produzieren, da sie Umweltressourcen umsonst oder zu Spottpreisen nutzen, verringern oder eliminieren. Theoretisch ist eine solche Steuer auch so umzusetzen, dass das WTO-Recht sie nicht verbieten würde. Praktisch allerdings werden die WTO und ihre Regeln dazu genutzt, um eine solche Steuer zu verhindern. So hat zum Beispiel EU-Handelskommissar Mandelson mehrfach Zweifel angemeldet, ob eine solche Steuer von der WTO erlaubt werden würde. Vertreter der WTO äußern sich ähnlich. So wird die WTO wieder einmal mehr nicht zur Institution, die den Klimaschutz voran bringt. Im Gegenteil, sie wird wieder benutzt, um eine klimapolitisch sinnvolle Maßnahme zu unterminieren.

Energieeffizienz- und Umweltstandards

Einer der ersten WTO-Streitfälle und der erste zu Umweltfragen überhaupt drehte sich um die Frage, ob ein WTO-Mitglied das Recht hat, seine eigenen Umweltstandards auch auf Importprodukte zu übertragen. Zur Verbesserung der Luftqualität hatten die USA bestimmte Auflagen für Kraftstoffe beschlossen und diese Standards nicht nur für im Lande produziertes Benzin, sondern auch für importiertes zur Norm gemacht. Dagegen klagten 1995 Venezuela und Brasilien vor der WTO. Die USA verloren den Streitfall, da sie diskriminierten: Die Standards für den Importsprit waren strenger als die für den einheimischen.

In naher Zukunft könnten andere US-Standards wieder den Anlass für einen Streitfall liefern. Die »corporate average fuel efficiency«-Standards (CAFE) wurden in den USA nach der Ölkrise 1973-74 für Personenkraftwagen und Sports Utility Vehicles

(SUVs), Minivans und Pickup-Trucks eingeführt. Ihr Ziel ist es, den Spritverbrauch zu senken: Pro Wagenklasse wird festgelegt, wieweit im Durchschnitt mit einer Gallone (= 3,78l) Kraftstoff gefahren werden kann. Dieses Ziel muss dann von allen Fahrzeugen dieser Klasse erreicht werden. Hersteller, deren Wagen diese Standards nicht erfüllen, müssen Strafen bezahlen. Anders als die US-amerikanischen und asiatischen Fahrzeugproduzenten, die den CAFE-Standard erfüllen, müssen die europäischen Automobilhersteller, insbesondere die Hersteller von Luxusautos, regelmäßig Strafen zahlen, die sich zwischen 1 und 20 Mio. US-$ jährlich pro Hersteller bewegen. Derzeit debattiert der US-Kongress erneut über die CAFE-Standards für die Automobilindustrie. Die europäische Automobilindustrie sieht ihren Absatz von Luxusautos durch CAFE bedroht und sich durch Strafen für die Nichterreichung der Standards diskriminiert. Deshalb besteht die Befürchtung, dass die neuen CAFE-Standards wie auch andere Standards zum Spritverbrauch, zur Kraftstoffzusammensetzung und zu Emissionen durch einen WTO-Streitfall zu Fall gebracht werden können. Die momentane Debatte in den USA legt außerdem nahe, dass auch schon die Androhung eines Streitfalls und die damit verbundene Unsicherheit ausreichen, um Maßnahmen zu verhindern oder zumindest abzuschwächen.

Zertifizierung und Labelling von Agrarkraftstoffen

Trotz der Tatsache, dass sich nahezu alle wichtigen internationalen Organisationen kritisch zu den Agrarkraftstoffen geäußert haben, scheinen die Regierungen weiterhin auf Biodiesel und Bioethanol zu setzen. Um neue Exportmöglichkeiten zu haben oder eine Erdölabhängigkeit zu verringern und um der Automobilindustrie zu ermöglichen, statt auf kraftstoffarme Motoren auf andere Kraftstoffe zu setzen, verordnen sie Beimengen. So sieht das deutsche Gesetz für 2010 eine Biosprit-Beimischung von 8% vor. Auch die EU-Kommission will den Anteil von Biotreibstoffen bis 2020 auf 7% steigern und hat dieses Ziel trotz aller interner wie externer Proteste im Januar 2008 bekräftigt (allerdings bedarf der Vorschlag der Kommission noch der Zustimmung vom Europaparlament und der Mitgliedsstaaten). Diese Anteile können nicht allein aus einheimischer Produktion gedeckt werden, folglich sollen auch die »Importmöglichkeiten für Biokraftstoffe und deren Rohstoffe sowie deren Wirtschaftlichkeit« verbessert werden. Doch der Handel mit Biokraftstoffen braucht angesichts der sich deutlich abzeichnenden negativen Auswirkungen des Anbaus von Energiepflanzen Leitplanken. Ein Moratorium, d.h. ein Verzicht auf den Anbau bis die vielen offenen Fragen geklärt sind, oder ein internationales Biomasse-Umweltabkommen wären mögliche Optionen. Ein Moratorium setzt einen entsprechenden Willen der Staaten voraus, ein internationales Abkommen bräuchte einige Jahre, bis es wirkt. Die EU-Kommission wie auch die Bundesregierung setzen dagegen auf Zertifizierung. Derzeit lässt die Bundesregierung ein internationales, freiwilliges Zertifizierungssystem entwickeln. Für dieses System, gilt wie für alle anderen Zertifizierungssysteme, gleichgültig ob sie verpflichtend oder freiwillig sind, die Frage, ob es kompatibel mit den WTO-Regeln ist oder nicht. Erst wenn ein WTO-Mitglied dazu ein WTO-Streitfall startet, lässt sich diese Frage eindeutig beantworten. Im Sinne vorauseilenden Gehorsams hat das zuständige Bundesministerium für Finanzen bei der Ausgestaltung der »Verordnung über Anforderungen an eine nachhaltige Biomasseerzeugung und an Biokraftstoffe und deren Nachweis« mit Verweis auf die WTO gleich jegliche Sozialstandards gestrichen. Die Begründung aus dem Haus des Finanzministers: »Im Hinblick auf die Vereinbarkeit mit WTO-Recht, das sehr viel höhere Anforderungen an handelsrelevante soziale Anforderungen stellt als an handelsrelevante Umweltforderungen, sind keine Anforderungen an die sozialen Auswirkungen der Bewirtschaftung landwirtschaftlicher Flächen aufgenommen worden.« Damit hat das Finanzministerium klargestellt, dass alle entsprechenden Bekundungen der Bundesregierung und der Kanzlerin – z.B. die auf dem G8-Gipfel in Heiligendamm am 7. Juni 2007 abgegebene Erklärung, die Einhaltung international anerkannter Sozialstandards zu fördern – nichts als Makulatur sind. Im Zweifel geht auch bei sozialen Fragen die WTO-Kompatibilität vor.

Der Zusammenhang zwischen Klima, Handel und Energie ist komplex, das zeigen diese Beispiele. Gemein ist ihnen auch, dass sie im Widerspruch stehen zur Rhetorik der WTO, sie sei als Institution zum Schutz des Klimas fähig und berufen. Diese These entpuppt sich als nichts weiter als der Versuch einer illegitimen, krisenbehafteten Institution, sich einen schönen, grüneren Mantel zu geben. Die WTO bringt Dinge, die für den Klimaschutz wichtig sind, nicht voran. Im Gegenteil sie behindert sie: Klimaschutzinstrumente wie Abbau, Begrenzung bzw. Stopp von schädlichen Subventionen, Lenkung und Verteuerung durch globale Verbote, Abgaben oder Steuern und Setzen von Standards stehen im realen oder potenziellen Widerspruch zu WTO-Regeln. Oft wird erst ein WTO-Streitfall klären, welche Klimaschutzmaßnahmen WTO-konform sind; die Androhung eines möglichen Streitfalls wird aber bereits heute genutzt, um z.B. Dinge wie Zölle auf klimaschädliche Produkte politisch abzuwenden.

Weltbank – vom Klimaschutz reden, den Klimakollaps vorantreiben

Auch die Weltbank versucht, sich durch das Klimathema einen grünen Anstrich zu verleihen. Immer mehr Entwicklungsländer zahlen ihre Schulden bei der Weltbank ab und verringern so den direkten Einfluss der Bank. Da gilt es für die Weltbank, Zukunftsthemen zu besetzen – wie den Kampf gegen den Klimawandel.

Seit dem G8-Gipfel 2005 hat die Weltbank auch einen »offiziellen« Auftrag, eine nachhaltige globale Energiepolitik mit voranzutreiben, um dem Klimawandel zu begegnen. Ein Kernelement der G8-Beschlüsse von 2005 ist, dass ein internationales »Investitionsrahmenwerk für saubere Energie und Entwicklung« (Clean Energy and Development Investment Framework, CEIF) entwickelt werden soll. Die Weltbank leitet und koordiniert einen internationalen Abstimmungsprozess dazu. Das CEIF soll eine Art Road Map darstellen, wie die benötigten Milliardeninvestitionen in »saubere Energien« in Entwicklungsländer gelenkt und erhöht werden können. Dem Anspruch nach sollen dabei die Energie-, Entwicklungs- und Klimapolitik miteinander in Einklang stehen.

Zur Mobilisierung der Milliardeninvestitionen in die Energiesysteme in Entwicklungsländer setzt die Weltbank z.B. auf umfassende Sektorreformen wie Liberalisierung, Privatisierung und Kommerzialisierung. Zugleich will sie durch Garantien und andere Förderinstrumente die privaten Investitionen in die Energiesysteme ankurbeln. Dies ist der Liberalisierungsagenda der WTO sehr ähnlich. Die marktorientierten Energiesektorreformen der 1990er Jahre in Entwicklungsländer zeigen jedoch, dass dabei vor allem die Umwelt und die Armen das Nachsehen haben.

Gleichzeitig arbeitet die Weltbank kräftig daran, fossile Energien wie Kohle und Gas klimapolitisch weichzuspülen. Denn unter »sauberen Energien« versteht die Weltbank in erster Linie fossile Energien wie Gas und »saubere« Kohletechnologien (hier vor allem die Abscheidung und Einspeicherung von Kohlendioxid, CCS: Carbon Capture und Storage) sowie Großstaudämme – ungeachtet der damit verbundenen immensen sozialen und ökologischen Kosten. Die Entwicklungsbanken sollen u.a. helfen, die Investitionsrisiken der milliardenschweren Energiekonzerne bei CCS zu minimieren. Bei dieser Agenda wird nicht nur die dringende Versorgung armer Menschen mit Energie an den Rand gedrängt, sondern auch ein effektiver und schneller Klimaschutz. Denn der Ausbau zentraler, auf fossilen Energien basierender Infrastruktur hat bisher in Entwicklungsländern nicht den Zugang von armen Menschen zu Energie gesichert. Dem Klima hat aber genau dieses zentralistische Energiesystem extrem geschadet.

Zwar wird im CEIF auch von der Bedeutung erneuerbarer Energien und Energieeffizienz für den Klimaschutz gesprochen. Ein Blick auf die von der Weltbank gewährten Kredite im Energiebereich lässt aber keine Zweifel über die wahren Prioritäten der Bank: Die mit Weltbankgeldern finanzierte Produktion von klimaschädlichen Treibhausgasen nimmt zu, auf der Basis zentralisierter, großer Energieinfrastruktur. Die Weltbankgruppe (WBG) hat ihre Finanzierung für fossile Energien von 2005 auf 2006 um satte 93% gesteigert (von 450,8 auf 869 Mio. US-$). Im

Geschäftsjahr 2006 hat sie neue Gas- und Ölprojekte in Ägypten, Bangladesch, Indien, Pakistan, Chile, Kolumbien, Russland, Indien, Venezuela, Chile, Vietnam und dem Jemen beschlossen. Weiterhin ist die Weltbank in einer Reihe höchst umstrittener Öl- und Gasprojekte beteiligt, wie z.B. dem Tschad-Kamerun-Erdöl- und Pipeline-Projekt, der Westafrikanischen Gas-Pipeline oder dem Baku-Tiblisis-Ceyhan-Pipeline-Projekt. Von den Investitionen der Weltbank in den Öl- und Gassektor haben in den letzten Jahren hauptsächlich große Ölkonzerne wie Shell, BP und ExxonMobil, Chevron und Anlagebauer wie Haliburton, Bechtel oder Siemens profitiert. So verwandeln sich »Entwicklungshilfegelder« unter dem Label der Armutsbekämpfung in Subventionen für milliardenschwere Konzerne.

Gleichzeitig liegt die Förderung erneuerbarer Energien durch die Weltbank nur bei ca. 5% ihrer gesamten Investitionen in den Energiesektor und in absoluten Zahlen nicht über der Förderung von Mitte der 1990er Jahre. Die Ausgaben für umweltschädliche und sozial verheerende Großstaudämme steigen dabei seit Jahren kräftig an und liegen weit über der Finanzierung dezentraler Anlagen auf Basis erneuerbarer Energien, die vor allem arme Menschen mit sauberer Energie versorgen könnten.

Bei WTO und Weltbank sehen wir also das gleiche Bild. Es wird vom Klimaschutz geredet, um sich eine neue Legitimation zu erheischen. In Wirklichkeit stehen aber beide Institutionen einem wirksamen Klimaschutz entgegen.

5. Perspektiven des Protests

Für eine alternative Globalisierung

Auf internationaler Ebene existiert eine enorme Diskrepanz zwischen der immer rascher voranschreitenden wirtschaftlichen Globalisierung und dem schwachen sozialen und ökologischen Regulierungsrahmen. Zwar gibt es eine Fülle von internationalen Vereinbarungen mit sozialen und ökologischen Zielsetzungen. Es fehlen aber wirksame Sanktionsmechanismen, um die im Rahmen der Vereinten Nationen angesiedelten Abkommen international durchzusetzen. Die »unheilige Dreifaltigkeit« ist Teil des Problems dieser unausgewogenen Global Governance Architektur. Sie ist einseitig auf den globalen Ausbau der Rechte und Profitmaximierungsmöglichkeiten von Konzernen und privaten Investoren ausgerichtet. Durch die Übernahme einer progressiven Armuts- und Umweltrhetorik versuchen IWF, Weltbank und WTO zwar seit Jahren, ein grünes und soziales Mäntelchen über ihre Politik der Kommerzialisierung, Liberalisierung, Privatisierung und investoren- und konzernfreundlichen Re-Regulierung zu streifen und diese Agenda als zentrale Lösung für alle erdenklichen Umwelt- und Entwicklungsprobleme dieser Welt zu präsentieren. Doch der schonungslose globale Wettbewerb um Ressourcen und Märkte und die Ausdehnung des Marktprinzips auf fast alle sozialen Lebensbereiche ist mit einer auf Umwelt- und Ressourcenschonung, sozialen Ausgleich und demokratische Mitbestimmung ausgerichteten Globalisierung nicht vereinbar.

Eine zivilgesellschaftliche Reformagenda, die auf die Stärkung globaler Demokratie und internationaler Umwelt- und Sozialpolitik zielt, muss deshalb auch die Schwächung der drei mächtigen internationalen Gralshüter des Neoliberalismus zum Ziel haben. Für die Flankierung eines wirklich ökologisch und sozial gerechten Weltwirtschaftssystems sind grundlegend andere, demokratisch legitimierte und kontrollierte internationale Organisationen nötig. International müssen Mechanismen globaler Umverteilung verankert werden und Profitgier, Ausbeutung, Umweltverschmutzung und dem Raubbau an der Natur deutliche Schranken gesetzt werden. Einer der zentralen Angelpunkte globaler Kooperation muss die internationale Verankerung verbindlicher Pflichten und Regeln für transnationale Konzerne sein (WEED et al. 2006). Nur so können diese mächtigen Akteure für soziale und umweltpolitische Anliegen in die Pflicht genommen werden. Internationale Organisationen sollten dabei die »institutionelle Superstruktur« einer alternativen, fairen und ökologischen Globalisierung bilden, die Freiräume für unterschiedliche nationale Entwicklungsstrategien und den Aufbau lokaler, solidarischer und ökologischer Wirtschaftskreisläufe bietet. Globale Demokratie fängt auf lokaler und nationaler Ebene an. Ein möglicher Weg wäre deshalb, die globale Politik in Richtung De-Globalisierung umzugestalten. Dieses Konzept in der globalisierungskritischen Bewegung bricht mit dem Prinzip der vollen Weltmarktintegration als Zweck an sich und setzt stattdessen auf die Rückeroberung demokratischer Handlungsspielräume auf lokaler und nationaler Ebene – was allerdings nicht gleichbedeutend mit »Abschottung« ist (Bello 2005).

Als ein erster Schritt in Richtung einer alternativen internationalen Regulierung der Globalisierung sollten die in den Vereinten Nationen (UN) angesiedelten Bereiche internationaler Wirtschafts-, Sozial- und Umweltpolitik aufgewertet werden. So zahlreich die Schwachstellen des UN-Systems ohne Zweifel sind, es gibt keine andere internationale Organisation, die eine vergleichbare Legitimität besitzt. Das UN-System war bei seiner Gründung auch als zentraler internationaler Regulierungsmechanismus im Bereich der Weltwirtschaft vorgesehen. Der Wirtschafts- und Sozialrat (ECOSOC) ist gemäß der Satzung der Vereinten Nationen das zentrale UN-Organ für alle globalen wirtschaftlichen, sozialen und Entwicklungsfragen. IWF, Weltbank und das GATT bzw. WTO sollten ursprünglich als Teil innerhalb dieses Systems funktionieren. Doch heute ist der ECOSOC fast bedeutungslos. Wenn zentrale Fragen der internationalen Entwicklungs- und Wirtschaftspolitik in den Bereich der UN zurückgeholt würden, wäre dies ein konkreter Schritt in Richtung globaler Demokratisierung und eine signifikante politische Kursänderung.

Schrumpfkur und umfassende Demokratisierung für IWF und Weltbank

Wie der Blick auf ihre über 60-jährige Geschichte zeigt, verfügen die Bretton-Woods-Organisationen zwar über eine erstaunliche Wandlungsfähigkeit. Dem Glauben an ihre soziale und ökologische Reformierbarkeit ist in den letzten 15 Jahren jedoch der Boden entzogen worden. Eine Reformagenda, die darauf zielt, IWF und Weltbank in ihrer derzeitigen Form als Akteure für eine »gerechte und ökologische Globalisierung« gewinnen zu wollen, hat deshalb wenig Aussicht auf Erfolg. Der beste Beitrag, den die Weltbank derzeit zum globalen Umwelt- und Klimaschutz leisten kann, ist eine drastische Reduzierung ihres Kerngeschäfts. So hört sie zumindest damit auf, Schaden anzurichten.

Forderungen von Nichtregierungsorganisationen aus dem Süden, wie z.B. von Focus on the Global South, Third World Network oder Jubilee South, fokussieren sich dementsprechend auch auf das Zurückdrängen des Einflusses von IWF und Weltbank in Entwicklungs- und Schwellenländern. Aus der Perspektive des Südens geht es dabei vor allem um die Wiedererlangung politischer Handlungsspielräume für alternative, nationale und lokale Entwicklungswege. Was die unzähligen Zuständigkeiten und die Mandate anbetrifft, sollten IWF und Weltbank eine radikale Schrumpfkur verschrieben bekommen. Viele ihrer Aktivitäten sollten an die UN übertragen werden, vor allem in den Bereichen der Politikberatung und -analyse, der Forschung, der technischen Hilfe und dem Kapazitätsaufbau. Auch die weltweit größte Forschungsabteilung für Entwicklung gehört nicht in die Weltbank, sondern in die UN. Organisationen wie der Wirtschafts- und Sozialrat (ECOSOC), die UN-Konferenz für Handel und Entwicklung (UNCTAD), das UN-Entwicklungsprogramm (UNDP) oder das UN-Umweltprogramm (UNEP) stehen sehr viel eher für Pluralität und Entwicklungs- und Umweltorientierung als die Bretton-Woods-Institutionen. In den meisten der genannten Bereiche gibt es ohnehin erhebliche und unnötige Doppelungen zwischen UN auf der einen und IWF und Weltbank auf der anderen Seite. Auch bei der Wiederaufbauhilfe nach Konflikten und nach Naturkatastrophen oder der humanitären Hilfe sollte die UN wieder das Zepter in die Hände nehmen.

Einige konservative Stimmen fordern, dass IWF und Weltbank aufgrund der starken Verzahnung ihrer heutigen Aufgabenbereiche »fusionieren« sollten. Weitaus sinnvoller ist es, die Aufgabenbereiche beider Institutionen wieder klar voneinander zu trennen, ihnen neue und eingeschränkte Funktionen zu geben und sie unter eine tatsächliche Kontrolle der UN zu stellen. Es ist längst überfällig, dass der IWF aus der Entwicklungsfinanzierung aussteigt. Ein in seiner politischen Ausrichtung, seinem Mandat und seiner Entscheidungsstruktur grundlegend veränderter »alternativer Währungsfond« könnte ein wichtiger Bestandteil einer demokratisch kontrollierten, globalen makroökonomischen Abstimmung sein, die u.a. auf die Regulierung internationaler Kapitalströme, die Unterbindung von Kapitalflucht, der Schließung von Steueroasen und Offshore-Häfen zielt. Dazu müsste der IWF in der internationalen Finanzarchitektur allerdings nicht nur formal, sondern auch tatsächlich einen »globalen« Charakter haben, mit gleichen Rechten und Pflichten aller Mitgliedsländer. Auch bei der Weltbank sind die Einschränkung ihres Mandats und eine radikale Reduzierung ihres Portfolios unumgänglich. Statt für alle erdenklichen Entwicklungsfragen zuständig zu sein, könnte die Weltbank als eine Art »Entwicklungs- und Umweltbank« der UN Mandate mit klar überprüfbaren Zielvorgaben erhalten. Doch dies würde grundlegende Reformen ihrer Größe, ihrer Ausrichtung und bei ihren Entscheidungsstrukturen voraussetzen.

Das A und O einer mittelfristigen, sozial und ökologisch orientierten Reform von IWF und Weltbank ist mehr Kontrolle, Transparenz und Rechenschaftspflicht u.a. durch stärkere Beteiligung der betroffenen Bevölkerung und zivilgesellschaftlicher Organisationen. Trotz einiger Verbesserungen bei der Transparenz kommen wichtige Informationen in vielen Fällen noch immer zu spät und unvollständig an die Öffentlichkeit, was eine effektive Partizipation auf Seiten der Zivilgesellschaft und der betroffenen Bevölkerung unmöglich macht. Auch gegenüber den Parlamenten muss die Rechenschaftspflicht von IWF und Weltbank erhöht werden. Das internationale parlamentarische Netzwerk über die Weltbank kritisiert immer wieder, dass eine effektive Einbindung von ParlamentarierInnen bei wichtigen Entscheidungen der Weltbank fehlt. Dringend nötig ist die Einführung unabhängiger Kontrollmechanismen bei der Weltbank.

Zudem müssen strukturelle Veränderungen bei den Bretton-Woods-Organisationen durchgeführt werden, die eine angemessene und demokratische Repräsentation aller Mitgliedsländer ermöglichen. Kernelement ist die Einführung eines Systems doppelter Mehrheiten, wie es sie auch bei der Europäischen Union oder dem US-amerikanischen Kongress gibt. Dabei muss im Entscheidungsfindungsprozess die notwendige Mehrheit sowohl über die Anzahl der Mitgliedsländer als auch über die Anzahl der meisten Stimmen hergestellt werden. Mit dem System doppelter Mehrheiten wird sowohl das relative Gewicht der einzelnen Ökonomien in der Weltwirtschaft berücksichtigt als auch die Gleichheit der Rechte und Pflichten jedes Mitgliedsstaates.

Paradigmenwechsel für den Welthandel

Auch in der Handelspolitik mangelt es keinesfalls an Vorschlägen für eine auf Umwelt- und Entwicklungsfreundlichkeit und mehr Gerechtigkeit zielende Umgestaltung:

- der *Delegitimationsansatz* und die Forderung nach der Abschaffung der WTO stellt die WTO als Organisation grundsätzlich in Frage und spricht ihr die Legitimation ab, *die* Welthandelsorganisation zu sein;
- der *Reformansatz* geht davon, dass die Struktur, Verfahrensweisen und Abkommen der WTO durchaus auch im Sinne von Forderungen der Zivilgesellschaft nach Berücksichtigung globaler Gerechtigkeit, Menschenrechte, Arbeits- und Umweltstandards verändert werden können;
- der Ansatz, *Gegengewicht aufzubauen* oder zu stärken, will die Macht und den Einfluss der WTO begrenzen, indem andere Strukturen geschaffen bzw. gestärkt werden, z.B. die Internationale Arbeitsorganisation (ILO) zur Umset-

zung der Kernarbeitsnormen oder die noch zu gründende Weltumweltorganisation zur Verbesserung des globalen Umweltschutzes;
- der »*Raus aus*«-*Ansatz* fordert, dass Bereiche wie Landwirtschaft, Wasser oder Energie nicht von der WTO, sondern von anderen WTO-Institutionen behandelt werden und lässt offen, was mit anderen Themen geschehen soll;
- der Ansatz, »*erst Folgen des Handel(n)s abschätzen, dann handeln*«, fordert verbindliche Instrumente der Folgenabschätzung ein: Maßnahmen der Handelsliberalisierung sollten generell hinsichtlich ihrer Wirkung auf eine nachhaltige Entwicklung – etwa durch ein Sustainability Impact Assessment – untersucht werden, bevor sie in Kraft treten.

Selten treten diese Ansätze in »Reinform« auf. Es ist per se kein Widerspruch, die Abschaffung der WTO zu fordern, gleichzeitig aber auch für die Stärkung anderer Strukturen einzutreten. Auch kann das Rausbrechen einzelner Bereiche aus der WTO für sinnvoll erachtet werden, während ein multilaterales Forum zu Handelsfragen – wie die WTO es sein sollte – befürwortet wird. Die WTO selbst hat sich trotz der Desaster in Seattle und Cancún als reformresistent erwiesen. Am avanciertesten sind alternative Vorstellungen sozialer Bewegungen zu einer globalen Landwirtschaft jenseits des Liberalisierungsparadigmas und der Exportorientierung des WTO-Agrarabkommens. »Landwirtschaft raus aus der WTO!« lautet das Motto der internationalen KleinbäuerInnen-Organisation La Via Campesina. Ihr geht es um das »Recht auf Ernährungssouveränität«. Dazu gehört das Recht, selbst zu produzieren, was den Zugang zu Produktionsmitteln wie Boden, Wasser, Saatgut und Krediten voraussetzt. Das Konzept der Ernährungssouveränität basiert auf den unmittelbaren politischen und sozialen Rechten von BäuerInnen, reicht aber bis hin zu Vorstellungen makroökonomischer Regulierung durch Schutzzölle.

Gegen die Verhandlungen über Zollsenkungen bei Industriegütern (NAMA) führen NRO und insbesondere Gewerkschaften im Süden neben Umweltschutz das Recht auf Entwicklung an. Zu diesem gehört eine eigenständige Industriepolitik, die auch auf Zölle als Instrument zurückgreifen können muss, um sich entwickelnde Industriezweige und Beschäftigungsmöglichkeiten zu schützen. Auch Auflagen für multinationale Konzerne, wie die Bildung von Joint Ventures oder die Verwendung lokaler Vorprodukte für die Produktion, sind entwicklungspolitisch wichtige Regeln, die als reale wirtschaftspolitische Alternativen gegen die WTO verteidigt werden müssen (Chang 2005).

Zudem gibt es auch bei Handelsabkommen außerhalb der WTO alternative Ansätze. Beispielsweise liegt ein Entwurf eines Musterabkommens zu Investitionen für zukunftsfähige Entwicklungen vor, der nicht nur die Rechte und Pflichten der beteiligten Staaten, sondern auch der Unternehmen festschreibt (Fichtner 2006). Die Regierung Venezuelas initiierte das ökonomische Integrationsprojekt ALBA (Bolivarianische Alternative für Lateinamerika), das Gegenmodell zur US-Vision einer gesamtamerikanischen Freihandelszone (FTAA) sein will. Handelspolitisch stützt es sich auf zahlreiche bilaterale Abkommen mit verschiedenen lateinamerikanischen Staaten. Darüber hinaus wurde ein Prozess »ALBA von unten« angestoßen, bei dem die venezolanische Regierung die Vernetzung jenseits der Regierungsebene fördert, wie z.B. einen Fonds für Know-How-Transfer unter selbstverwalteten Betrieben in Südamerika. Und im Kontext der bilateralen Verhandlungen zwischen der EU und den Andenstaaten im Rahmen der europäischen »Global Europe«-Strategie legte die bolivianische Regierung 2006 einen Prinzipienkatalog vor, der sich strikt an Entwicklungsinteressen orientiert (Köpke 2006).

Um dem Schutz der natürlichen Lebensgrundlagen Geltung zu verschaffen, wird von den NRO immer wieder ein neuer institutioneller Rahmen ins Spiel gebracht. Denn UNEP, das Umweltprogramm der UN, ist nur ein »Programm« und deshalb in der Hierarchie der UN-Familie deutlich unterhalb der Organisationen angesiedelt. Um die Umweltaspekte im System der UN zu stärken und eine finanz- wie tatkräftige Organisation zu haben, die der WTO Paroli bieten kann, wird seit einigen Jahren die Idee einer Weltumweltorganisation (United Nations Environment Organization, UNEO) diskutiert. Damit die UNEO auf gleicher Augenhöhe mit der WTO agieren kann, müsste sie mit einem starken Sanktionsmechanismus ausgestattet sein (Mittler 2005). Doch es existieren bereits Organisationen, in denen das Verhältnis zwischen Handelsrecht und Umweltrecht besser geklärt und umweltrelevante Streitfälle sinnvoller behandelt werden können, als das im Rahmen der WTO möglich ist (Pfahl 2005). Als Institutionen, die transparenter arbeiten und mehr Kompetenz in Umweltfragen aufweisen als die WTO, sind der Internationale Gerichtshof, das Hauptrechtsprechungsorgan der UN, die Völkerrechtskommission, die als Nebenorgan der UNO für die Weiterentwicklung und Kodifizierung des Völkerrechts zuständig ist und das Internationale Gericht für Schiedsgerichtsverfahren und Schlichtung von Umweltfällen zu nennen. Diese Institutionen sollten umweltpolitische Fragen des globalen Handelsregimes übertragen bekommen. Auch Subventionen, die z.B. die Ausbeutung der Wälder beschleunigen, können institutionell an anderer Stelle angegangen werden als bei der WTO. Die Konvention für biologische Vielfalt (CBD) könnte eine ökologisch und sozial sinnvolle Umschichtung von Subventionen angehen (Greenpeace 2006).

Angesichts zahlreicher Alternativen zu neuen Abkommen der WTO, in denen sich das Profitinteresse der exportorientierten Unternehmen aus Nord und Süd kristallisiert, forderten deshalb im Juni 2006 über 100 internationale NRO die Handelsminister der WTO-Mitgliedsstaaten auf, die Doha-Agenda zu beerdigen. An ihrer Stelle sei ein Paradigmenwechsel hin zu einem an sozialen Rechten und ökologischer Entwicklung orientierten Handelsregime nötig und möglich. Bis es jedoch tatsächlich zu dieser Neuausrichtung der globalen Handelspolitik kommt, bedarf es noch weit reichender Veränderungen der sozialen Kräfteverhältnisse auf den nationalen Ebenen sowie die transnationale Kooperation kritischer zivilgesellschaftlicher Akteure.

Nationale Mobilisierung – transnationale Vernetzung – globale Proteste

Damit sich die nötigen Gestaltungsperspektiven für eine alternative Politik auf internationaler Ebene eröffnen, müssen die politischen Kräfteverhältnisse vor allem in den einflussreichen

Mitgliedesländern, darunter auch Deutschland, zugunsten einer fortschrittlicheren Politik weitreichend verändert werden. Seit dem Beginn der globalisierungskritischen Bewegung stehen IWF, Weltbank und WTO zwar unter erheblichem Legitimationsdruck. Soziale Bewegungen haben in vielen Fällen die globale Ausdehnung des Neoliberalismus erfolgreich bekämpft. In Entwicklungsländern wurden viele Konzerne aufgrund massiver Proteste gegen Strom- und Wasserprivatisierungen zum Rückzug gezwungen. Der Kampf gegen IWF und Weltbank ist im Süden nach wie vor stark. Den Aufbau regionaler Alternativen – wie z.B. die Bank des Südens – versuchen soziale Bewegungen im Sinne wirklicher Alternativen zu beeinflussen. Die Bewegungen und politischen Kräfte in Europa und den USA müssen sich jedoch eingestehen, dass in den Industrieländern in den letzten Jahren in Bezug auf progressive Reformen der internationalen Finanz- und Handelspolitik und -organisationen nur wenig erreicht wurde. Zwar sind durchaus einige Siege errungen worden, darunter die Verabschiedung des G8-Schuldenerlasses 2005 oder die Abwendung des Multilateralen Investitionsabkommens (MAI) zunächst in der OECD (1998), und dann (in abgewandelter Form) in der WTO (2003). Doch frustriert müssen viele NRO-Vertreter nach jahrelangen und arbeitsintensiven Konsultationen und Dialogen mit der Weltbank oder dem IWF eingestehen, dass die Lobbyanstrengungen der letzten 15 Jahre keine substanzielle Änderung der Politik der beiden mächtigen Organisationen bewirkt haben. Auch die vor allem zwischen 1999 und 2005 erfolgten Lobby-Bemühungen, die WTO zu reformieren, liefen ins Leere. Zudem haben die internationalen Handels- und Finanzinstitutionen den Umgang mit der Zivilgesellschaft in den letzten Jahren erfolgreich gelernt und institutionalisiert, ihre diskursiven Praktiken und Kommunikationsstrategien zielen auf eine Vereinnahmung von Kritik und Widerstand. Exemplarisch steht dafür die Aussage des ehemaligen Weltbank-Präsidenten James Wolfensohn, der angesichts der Proteste gegen die Jahrestagung von IWF und Weltbank 2000 in Prag erklärte: »Wir verfolgen ähnliche Ziele wie die Demonstranten auf der Straße«. Auch der WTO-Generaldirektor Pascal Lamy wurde beim letzten

WTO-Forum im Oktober 2007 nicht müde, die Anstrengungen und Erfolge der Zivilgesellschaft und der NRO zu loben.

So haben es alle drei Organisationen hervorragend verstanden, zivilgesellschaftliche Kritik, Protest und Forderungen aufzunehmen, dabei die ursprünglichen Anliegen zu verändern und ihre Politik mit einer extensiven Umwelt-, Entwicklungs- und Armutsrhetorik schönzureden und zu legitimieren. Damit wird versucht, KritikerInnen den Wind aus den Segeln zu nehmen; Mobilisierung wird dadurch erschwert. Deutlich wird die »Vereinnahmungsstrategie« bei der Weltbank, die es gut versteht, progressive Kritik von Umwelt-, Frauen- oder Menschenrechtsbewegungen in ihren neoliberalen Ansatz zu integrieren. Die Soziologin Christa Wichterich kritisierte dies am Beispiel der Frauen- und Geschlechterpolitik. Die Weltbank nimmt das Thema auf, treibt allerdings eine marktförmige Ökonomisierung der Frauen- und Geschlechterpolitik voran.

Die internationalen Organisationen funktionieren heute nur noch in sehr geringem Maße als Feindbilder mit Mobilisierungspotenzial. Unter dem Motto »IWF und Weltbank organisieren die Armut der Völker« demonstrierten 1988 noch mehr als 80.000 Menschen auf den Straßen West-Berlins, als sich die beiden internationalen Organisationen dort für ihre Jahrestagung trafen. Auch auf der IWF-Weltbank Jahrestagung 2000 wurden zahlreiche Gegenaktivitäten von KritikerInnen organisiert, an denen sich mehr als 15.000 Menschen beteiligten. Zwar trauen sich IWF, Weltbank und WTO inzwischen mit ihren Treffen und Ministerkonferenzen kaum mehr nach Europa, sondern tagen an abgelegenen, demokratiefeindlichen Orten wie Doha oder Singapur. Dennoch ist das Wissen über die beiden internationalen Finanzinstitutionen selbst in den Kreisen der aufgeklärten kritischen Öffentlichkeit begrenzt. Eine Mobilisierung ist unter diesen Bedingungen äußerst schwierig. Dies haben auch die Erfahrungen bei der Europäischen Weltbankkampagne von 2007 gezeigt, die auf die europäischen Regierungen zielte. Auch der öffentliche Protest gegen die Ungerechtigkeiten des Welthandelssystems und der WTO ist zumindest in Europa deutlich schwächer geworden.

Um eine soziale und ökologische Transformation global durchzusetzen, muss wieder stärker auf nationale Mobilisierung und den Druck von Basisbewegungen gesetzt werden. Die Vermittlung von alternativer Expertise in die nationalen und politischen Institutionen ist nur dann erfolgreich, wenn genügend »Druck von der Straße« ausgeht und die Lobbyanstrengungen den Rücken stärkt. Eine alternative Globalisierung muss erkämpft und erstritten werden, gegen mächtige Interessen auf internationaler, nationaler und lokaler Ebene. Kritik und Alternativen zur »unheiligen Dreifaltigkeit« sollten in Forderungen nach globaler Demokratie und einer alternativen Globalisierung eingebettet werden. Die Debatte um die drei internationalen Organisationen muss wieder aus dem Nischen- und Fachdiskurs raus. Auf internationale Umwelt- und Wirtschaftspolitik zielende Kampagnen und politische Initiativen in Industrieländern sollten mit nationalen Auseinandersetzungen und Fragen besser vernetzt werden. Auch sollte versucht werden, die bisher in den zwei Strängen IWF-/ Weltbank-Kritik einerseits und WTO-Kritik andererseits getrennt verlaufende Auseinandersetzungen in Bezug auf die »unheilige Dreifaltigkeit« zusammenzuführen, um gemeinsam eine grundlegende und kohärente Veränderung des internationalen Finanz- und Handelssystems erreichen zu können.

Für soziale Bewegungen bieten die neuen globalen Machtverschiebungen eine strategische Herausforderung. Einerseits sind mit China, Brasilien und anderen Schwellenländern. Akteure auf der globalen Bühne erschienen, die sich auf der internationalen Ebene nur in geringem Maße um soziale und ökologische Folgen scheren und in denen neue Dynamiken sozialer Spannungen und Konflikte sowie Umweltprobleme großen Ausmaßes bewältigt werden müssen. Es ist inzwischen zu einer beliebten Angewohnheit westlicher PolitikerInnen geworden, China und anderen aufstrebenden Ländern wie Brasilien oder Indien für ihre mangelnde Verpflichtung auf soziale und ökologische Ziele an den Pranger zu stellen – und dabei die eigenen Versäumnisse und das Interesse an Waren aus diesen Ländern unerwähnt zu lassen. Dem gilt es, entschieden entgegenzutreten. Andererseits eröffnen die sich verändernden globalen Kräfteverhältnisse wichtige Anknüpfungspunkte für soziale Bewegungen auch in Industrieländern. Die Schwächung westlich dominierter internationaler Strukturen und Institutionen muss stärker genutzt werden, um eine andere Politik auf nationaler und internationaler Ebene voranzubringen. Zugleich müssen die Bewegungen im Süden bei ihren Bemühungen solidarisch unterstützt werden, die entstehenden regionalen Alternativen zu *wirklichen* – sozialen und ökologischen – Alternativen zum herrschenden globalen neoliberalen Mainstream zu machen. In der derzeitigen Konstellation erhalten nationale Kämpfe wieder eine neue Bedeutung, im Süden wie im Norden. Die globalen hegemonialen Strukturen und Institutionen werden sich nur dadurch verändern lassen, indem auf nationaler Ebene alternative Strategien durchgesetzt werden. Der alte Spruch »Global denken, lokal handeln« ist dabei keineswegs veraltet, sondern von entscheidender Bedeutung. In Zukunft wird es darauf ankommen, die transnationale Vernetzung und Koordinierung unter den sozialen Bewegungen auszubauen, damit sich die lokalen und regionalen Initiativen und Kampagnen für eine bessere Welt gegenseitig verstärken und zu einem globalen Machtfaktor werden, der den herrschenden Institutionen mehr als Lippenbekenntnisse abtrotzt. Dies erfordert viele »Suchprozesse« auf nationaler, regionaler und internationaler Ebene sowie viel Mut und Lust auf neue Projekte und Bündnisse und frische Ideen für neue Mobilisierungs- und Vernetzungsformen.

Zum Weiterlesen

Allain, Marc (2007): Trading away our oceans. Why trade liberalization of fisheries must be abandoned. Amsterdam.
Beck-Texte im dtv (2008): Welthandelsorganisation. München.
Bello, Walden (2005): De-Globalisierung. Widerstand gegen die neue Weltordnung. Hamburg.
Chang, Ha-Joon (2007): Bad Samaritans: The Guilty Secrets of Rich Nations and the Threat to Global Prosperity. London.
Chang, Ha-Joon et al. (2005): Das NAMA-Drama. Wie die WTO-Verhandlungen über Industriegüter Umwelt und Entwicklung bedrohen. Bonn.
Copur, Burak/Ann-Kathrin Schneider (2004): IWF & Weltbank: Dirigenten der Globalisierung. AttacBasis Texte 12. Hamburg.
FAO – Food and Agriculture Organisation of the UN (2006): The State of Food Insecurity 2006. Eradicating World Hunger – Taking stock 10 years after the World Food Summit. Rome.
Fichtner, Nikolai (2006): Investitionspolitik für zukunftsfähige Entwicklung. Der Vorschlag eines »Model International Agreement on Investment for Sustainable Development« des IISD. Berlin.
Frein, Michael et al. (2006): Besser Stillstand als kein Fortschritt. Eine kritische Bewertung der Verhandlungen der Doha-Runde der WTO. Bonn.
Fritz, Thomas (2004): Daseinsvorsorge unter Globalisierungsdruck. Wie EU und GATS öffentliche Dienste dem Markt ausliefern. Berlin.
Fritz, Thomas (2006): Das Grüne Gold, Welthandel mit Bioenergie: Märkte, Macht und Monopole. Berlin.
Fuchs, Peter (2007): Global Europe – Die neue EU-Handelspolitik im Wahn der Wettbewerbsfähigkeit. Bonn.
Goldman, Michael (2005): Imperial Nature. The World Bank and Struggles for Social Justice In the Age of Globalization. New Haven/London.
Greenpeace (2006): Deadly Subsidies. Amsterdam.
Hoering, Uwe (2007): Vorsicht: Weltbank. Hamburg.
International Labour Office (2006): Global Employment Trends 2006. Geneva.
International Centre for Trade and Sustainable Development (2006): Linking Trade, Climate Change and Energy. International Centre for Trade and Sustainable Development. Geneva.
Jawara, Fatoumata/Kwa, Aileen (2004): Behind The Scenes At The WTO: The Real World of International Trade Negotiations/Lessons of Cancun. London/New York.
Khor, Martin (2006): Geistiges Eigentum, Wettbewerb und Entwicklung. Bonn.
Klein, Naomi (2007): Die Schock-Strategie. Der Aufstieg des Katastrophen-Kapitalismus. Frankfurt a.M.
Köpke, Ronald (2006): Implikationen der Handelsvereinbarungen der

EU mit Zentralamerika und den Andenländern. Berlin.

Merrill Lynch/Capgemini (2007): Global Wealth Report 2007.

Mittler, Daniel (2005): Eine globale Stimme für die Umwelt!? Der Vorschlag für eine UN-Umweltorganisation (UNEO) gewinnt an Akzeptanz. In: Rundbrief II/2005 des Forum Umwelt und Entwicklung. Bonn.

Motaal, Doaa Abdel (2007): What role can the WTO play in the fight against climate change? Statement in der Session 20 auf dem WTO Public Forum 2007. Genf, 5. Oktober 2007.

Paasch, Armin (2006): Der Handel mit dem Hunger. Agrarhandel und das Menschenrecht auf Nahrung. Bonn.

Peet, Richard (2003): Unholy Trinity. The IMF, World Bank and WTO. London/New York.

Pfahl, Stefanie (2005): Is the WTO the only way? Safeguarding Multilateral Environmental Agreements from international trade rules and settling trade and environment disputes outside the WTO. Berlin u.a.

Sachs, Wolfgang/Santarius, Tilman (2007): Slow Trade – Sound Farming. Handelsregeln für eine global zukunftsfähige Landwirtschaft. Berlin.

SAPRN – Structural Adjustment Participatory Review International Network (2004): Structural Adjustment. The Policy Roots of Economic Crisis, Poverty and Inequality. London/New York.

Schmitz, Elke (2005): Schieflage mit System: Das Streitschlichtungsverfahren der Welthandelsorganisation (WTO). Stolperstein auf dem Weg zu einer nachhaltigen Entwicklung. Bonn.

Selivanova, Yulia (2007): The WTO and Energy: WTO Rules and Agreements of Relevance to the Energy Sector. Geneva.

Setton, Daniela (2007): Die Kohärenz-Agenda von IWF, Weltbank und WTO. Berlin.

Setton, Daniela (2007): Etikettenschwindel: wie die Weltbank ihre Energiepolitik klimapolitisch schönredet. In: Entwicklung und Zusammenarbeit (E+Z), 11/2007.

Setton, Daniela et al. (2006): WEED-Schuldenreport 2007 – Karten neu gemischt? Umbrüche und aktuelle Tendenzen der Nord-Süd- und Süd-Süd-Finanzbeziehungen. Berlin.

Srinivasan, U. Thara et al. (2008): The debt of nations and the distribution of ecological impacts from human activities. Proceedings of the National Academy of Sciences [PNAS].

Stiglitz, Joseph (2002): Die Schatten der Globalisierung. Berlin.

Tarasofsky, Richard/Pfahl, Stefanie (2005): Trading away our last ancient forests. Amsterdam.

Tetzlaff, Rainer (1996): Weltbank und Währungsfonds – Gestalter der Bretton-Woods-Ära. Kooperations- und Integrations-Regime in einer sich dynamisch entwickelten Weltgesellschaft. Opladen.

UN (2007): MDG Progress Report.

UN-DESA (2005): Report on the World Social Situation 2005: the Inequality Predicament. New York.

UNDP (2005): Human Development Report 2005. International Cooperation at a Crossroads. Aid, Trade and Security in an Unequal World. New York.

Wallach, Lori/Woodall, Patrick (2004): Whose Trade Organization? The Comprehensive Guide to the WTO. New York/London.

WEED et al. (2006): Verbindliche Regeln für Multis – Corporate Accountability. Berlin.

NRO und globalisierungskritische Netzwerke im Internet

Aktionsbündnis Gerechter Welthandel: www.gerechter-welthandel.de
Bank Information Center (BIC): www.bicusa.org
Bretton Woods Project: www.brettonwoodsproject.org
Disinvestment Campaign: www.wbbeurope.org
Ecofair Trade Dialogue: www.ecofair-trade.org
Entschuldungsbündnis erlassjahr.de!: www.erlassjahr.de
Europäische Weltbankkampagne: www.worldbankcampaigneurope.org
European Network on Debt and Development (EURODAD): www.eurodad.org
Evangelischer Entwicklungsdienst: www.eed.de/welthandel
Fairer Agrarhandel: www.fairer-agrarhandel.de
Focus on the Global South: www.focusweb.org
FoodFirst Informations- und Aktions-Netzwerk: www.fian.de
Forum Umwelt und Entwicklung/AG Handel: www.forumue.de
Gerechtigkeit jetzt! Die Welthandelskampagne: www.gerechtigkeit-jetzt.de
Germanwatch: www.germanwatch.org
Global Transparency Initiatice: www.ifitransparency.org
Greenpeace: www.greenpeace.de bzw. www.greenpeace.org
IFIwatchnet: www.ifiwatchnet.org
Institute for Agriculture and Trade Policy: www.iatp.org
International Centre for Trade and Sustainable Development: www.ictsd.org
International Institute for Sustainable Development: www.iisd.org
Our World Is Not For Sale: www.ourworldisnotforsale.org
Oxfam: www.oxfam.de
Seattle-to-Brussels: www.s2bnetwork.org
Third World Network: www.twnside.org.sg
Via Campesina: http://viacampesina.org
Weltwirtschaft, Ökologie & Entwicklung: www.weed-online.org

Internationale Organisationen im Internet

EU-Kommission: http://ec.europa.eu/trade
Food and Agriculture Organization of the United Nations: www.fao.org
Internationaler Währungsfonds: www.imf.org
United Nationals Development Program: www.undep.org
United Nations Conference on Trade and Development: www.unctad.org
Weltbank: www.worldbank.org
Welthandelsorganisation: www.wto.org

Attac will

Es ist genug für alle da – wenn gerecht verteilt wird. Die Finanzmärkte brauchen demokratische Kontrolle. Hohe Sozial- und Umweltstandards müssen globalisiert werden. So genannte Entwicklungsländer müssen aus der Schuldenfalle befreit, ihr Mitspracherecht in den internationalen Institutionen gestärkt werden. People over Profit – die Interessen der Menschen dürfen nicht den Interessen der Konzerne untergeordnet werden.

Attacies

Attac hat in Deutschland inzwischen 17.000 Mitglieder – und täglich werden es mehr. In über 200 Gruppen, verteilt über die Republik, sind Attacies vor Ort aktiv. Weltweit mischen 100.000 Menschen in 50 Ländern bei Attac mit und sich ein – gegen die Ungerechtigkeiten der neoliberalen Globalisierung.

Attac, Münchener Str. 48, 60329 Frankfurt/M.
Tel.: 069-900 281-10, Fax -99, www.attac.de

Attac braucht Unterstützung. Eine Mitgliedschaft, Beteiligung an unseren Akionen, Engagement in einer Attac-Gruppe oder eine Spende – all das stärkt Attac den Rücken.
Und nur eine starke Bewegung bewegt.

Spendenkonto: Share e.V./Attac,
Kto.-Nr. 800 100 800,
GLS Gemeinschaftsbank,
BLZ 430 609 67

❏ Ich möchte mehr Informationen über Attac.
❏ Ich möchte in den E-Mail-Verteiler von Attac aufgenommen werden.

Name:_____

Tel.:_____

Str./Nr.:_____

PLZ/Ort:_____

E-Mail:_____

Anz0504-i

VSA: Wir können auch anders!

272 Seiten; € 12.00
ISBN 978-3-89965-247-5

Uwe Hoering
Vorsicht: Weltbank
Armut, Klimawandel,
Menschenrechtsverletzungen
Herausgegeben vom Forum
Umwelt und Entwicklung
128 Seiten; € 11.80
ISBN 978-3-89965-241-3

Prospekt anfordern!

VSA-Verlag
St. Georgs Kirchhof 6
20099 Hamburg
Tel. 040/28 09 52 77-0
Fax 040/28 09 52 77-50
mail: info@vsa-verlag.de

96 Seiten; € 6.50
ISBN 978-3-89965-292-5
Dieser Basistext zeigt, wie vom
Süden gelernt werden kann.
Er ist eine Einführung in die
aktuellen alternativen Entwicklungen in Lateinamerika.

Sven Giegold/
Dagmar Embshoff (Hrsg.)
**Solidarische Ökonomie im
globalisierten Kapitalismus**
In Kooperation mit der
»Bewegungsakademie«
und der »tageszeitung«
240 Seiten; € 14.80
ISBN 978-3-89965-227-7

www.vsa-verlag.de